# Cucina Senza Sale
# Gusti Deliziosi, Salute Eccellente

## Elena Martini

# Indice

Zuppa di trota e carote .................................................................. 12

Spezzatino di tacchino e finocchi ..................................................... 13

zuppa di melanzane ........................................................................ 14

crema di patate dolci ...................................................................... 15

Zuppa di pollo e funghi .................................................................. 16

padella di salmone .......................................................................... 18

Insalata di patate ............................................................................ 19

Paella di manzo macinata e pomodoro ........................................... 21

Insalata di gamberi e avocado ........................................................ 22

Crema di broccoli ........................................................................... 23

Zuppa di cavoli ............................................................................... 24

Zuppa di sedano e cavolfiore .......................................................... 25

Zuppa di maiale e porri .................................................................. 26

Insalata di gamberi e broccoli ......................................................... 27

Zuppa di merluzzo e gamberi ......................................................... 29

Mix di gamberi e cipolla ................................................................. 31

spezzatino di spinaci ...................................................................... 32

Mix di curry di cavolfiore ............................................................... 33

Spezzatino di carote e zucchine ...................................................... 34

Spezzatino di cavoli e fagiolini ....................................................... 35

Zuppa di funghi con pepe ............................................................... 36

maiale al peperoncino .................................................................... 38

Insalata di salmone e peperoni ....................................................... 39

- Misto di ceci e patate ............... 40
- Mix di pollo al cardamomo ............... 41
- lenticchie al peperoncino ............... 43
- indivia al rosmarino ............... 45
- indivia al limone ............... 46
- asparagi al pesto ............... 47
- carote al peperoncino ............... 48
- Patate cremose ............... 49
- con sesamo ............... 50
- Broccoli al coriandolo ............... 51
- Cavolini di Bruxelles al pepe ............... 52
- Miscela di cavoletti di Bruxelles ed erba cipollina ............... 53
- purea di cavolfiore ............... 54
- Insalata di avocado ............... 55
- insalata di ravanelli ............... 56
- Insalata di indivia al limone ............... 57
- Miscela di olive e mais ............... 58
- Insalata di rucola e pinoli ............... 59
- Mandorle e spinaci ............... 60
- Insalata di fagiolini e mais ............... 61
- Insalata di indivia e cavolo riccio ............... 62
- Insalata di edamame ............... 63
- Insalata di uva e avocado ............... 64
- Mix di melanzane all'origano ............... 65
- Miscela di pomodori arrostiti ............... 66
- funghi al timo ............... 67
- Spinaci e mais saltati in padella ............... 68

Mais ed erba cipollina saltati ..................................................................................... 69

Insalata di spinaci e mango ........................................................................................ 70

patate alla senape ...................................................................................................... 71

Cavoletti di Bruxelles al cocco .................................................................................... 72

carote salvia ............................................................................................................... 73

Funghi all'aglio e mais ................................................................................................ 74

fagioli al pesto ............................................................................................................ 75

pomodoro al dragoncello ........................................................................................... 76

Mandorla di barbabietola ........................................................................................... 77

Pomodoro, menta e mais ........................................................................................... 78

Salsa di zucchine e avocado ...................................................................................... 79

Mix di mele e cavoli .................................................................................................... 80

Barbabietole arrostite ................................................................................................. 81

cavolo all'aneto ........................................................................................................... 82

Insalata di cavoli e carote .......................................................................................... 83

Salsa di pomodoro e olive ......................................................................................... 84

Insalata di zucchine ................................................................................................... 85

Insalata di carote al curry .......................................................................................... 86

Insalata di lattuga e barbabietola ............................................................................... 87

Ravanelli alle erbe ...................................................................................................... 88

Mix di finocchi arrostiti ............................................................................................... 89

peperoni arrostiti ........................................................................................................ 90

Datteri e cavoli saltati ................................................................................................. 91

Miscela di fagioli neri .................................................................................................. 92

Miscela di olive e indivia ............................................................................................ 93

Insalata di pomodori e cetriolo .................................................................................. 94

Insalata di peperoni e carote ..................................................................................... 95

| | |
|---|---|
| Miscela di fagioli neri e riso | 96 |
| Miscela di riso e cavolfiore | 97 |
| Miscela di fagioli balsamici | 98 |
| barbabietola cremosa | 99 |
| Mix di avocado e pepe | 100 |
| Patate dolci e barbabietole arrosto | 101 |
| Cavolo brasato | 102 |
| carote condite | 103 |
| carciofi al limone | 104 |
| Broccoli, fagioli e riso | 105 |
| Mix di zucca arrosto | 106 |
| asparagi cremosi | 107 |
| Mix di rape e basilico | 108 |
| Miscela di riso e capperi | 109 |
| Mix di spinaci e cavoli | 110 |
| Mix di gamberi e ananas | 111 |
| Salmone e olive verdi | 112 |
| salmone e finocchio | 113 |
| merluzzo e asparagi | 114 |
| Gamberetti Conditi | 115 |
| spigola e pomodoro | 116 |
| gamberi e fagioli | 117 |
| Miscela di gamberetti e basilico | 118 |
| Insalata di gamberi e dragoncello | 119 |
| Misto di merluzzo con parmigiano | 120 |
| Miscela di tilapia e cipolla rossa | 121 |
| insalata di tortilla | 122 |

| | |
|---|---|
| Frittata al balsamico | 123 |
| Salsa di salmone | 124 |
| Tortilla e insalata di verdure | 125 |
| salmone allo zafferano | 126 |
| Insalata di gamberetti e anguria | 127 |
| Insalata di gamberetti con origano e quinoa | 128 |
| insalata di granchio | 129 |
| capesante al balsamico | 130 |
| Miscela di suole cremose | 131 |
| Mix piccante di salmone e mango | 132 |
| Mix di gamberetti e aneto | 133 |
| Patè di salmone | 134 |
| Gamberi Con Carciofi | 135 |
| Gamberi con salsa al limone | 136 |
| Misto di tonno e arancia | 137 |
| curry di salmone | 138 |
| Miscela di salmone e carote | 139 |
| Mix di gamberi e pinoli | 140 |
| Merluzzo e fagiolini | 141 |
| Capesante all'aglio | 142 |
| Mix cremoso di branzino | 143 |
| Mix di spigola e funghi | 144 |
| zuppa di salmone | 145 |
| Gamberetti alla noce moscata | 146 |
| Mix di gamberi e frutta | 147 |
| Frittata al forno con limone | 148 |
| Capesante all'erba cipollina | 149 |

Polpette di tonno .......... 150

Padella di salmone .......... 151

Miscela di merluzzo con senape .......... 152

Mix di gamberi e asparagi .......... 153

merluzzo e piselli .......... 154

Ciotole di gamberi e cozze .......... 155

Ricette di dessert della dieta Dash .......... 156

crema alla menta .......... 157

budino di lamponi .......... 158

barrette di mandorle .......... 159

Mix di pesche tostate .......... 160

Torta alle noci .......... 161

torta di mele .......... 162

crema alla cannella .......... 163

Mix cremoso di fragole .......... 164

brownies alla vaniglia .......... 165

torta di fragole .......... 166

budino al cacao .......... 168

Crema alla vaniglia e noce moscata .......... 169

Crema di avocado .......... 170

crema di lamponi .......... 171

insalata di anguria .......... 172

Miscela di pere e cocco .......... 173

Composta di mele .......... 174

spezzatino di albicocche .......... 175

miscela di melone e limone .......... 176

crema cremosa al rabarbaro .......... 177

ciotole di ananas ............................................................................................ 178

spezzatino di mirtilli ...................................................................................... 179

Budino al limone ............................................................................................ 180

crema alla pesca ............................................................................................ 181

Miscela di cannella e prugna ........................................................................ 182

Mela Chia e Vaniglia ...................................................................................... 183

Budino di riso e pere ..................................................................................... 184

stufato di rabarbaro ...................................................................................... 185

crema al rabarbaro ....................................................................................... 186

insalata di mirtilli ............................................................................................ 187

Datteri e crema di banana ............................................................................ 188

muffin alle prugne .......................................................................................... 189

Ciotole di prugne e uvetta ............................................................................. 190

Barrette di semi di girasole ........................................................................... 191

Ciotole di more e anacardi ............................................................................ 192

Ciotole di arancia e mancarino ..................................................................... 193

Crema di zucca .............................................................................................. 194

Miscela di fichi e rabarbaro ........................................................................... 195

banana speziata ............................................................................................ 196

succo di cacao ............................................................................................... 197

barrette di banane ......................................................................................... 198

Barrette di tè verde e datteri ......................................................................... 199

crema di noci .................................................................................................. 200

Torta al limone ............................................................................................... 201

barrette all'uvetta .......................................................................................... 202

Quadrati di nettarine ..................................................................................... 203

spezzatino d'uva ............................................................................................ 204

Crema di mandarino e prugna .................................................................. 205

Crema di ciliegie e fragole ........................................................................ 206

Budino di riso e cardamomo ..................................................................... 207

pane alle pere ........................................................................................... 208

Riso al latte e ciliegie ................................................................................ 209

stufato di anguria ..................................................................................... 210

budino allo zenzero .................................................................................. 211

crema di anacardi ..................................................................................... 212

biscotti alla canapa ................................................................................... 213

Ciotole di mandorle e melograno ............................................................. 214

Cosce di pollo e verdure al rosmarino ...................................................... 215

Pollo con carote e cavoli ........................................................................... 217

Panino con melanzane e tacchino ............................................................ 218

# Zuppa di trota e carote

**Tempo di preparazione:** 10 minuti
**Tempo di cottura:** 25 minuti
**Porzioni:** 4

**Ingredienti:**
- 1 cipolla gialla, tritata
- 12 tazze di brodo di pesce a basso contenuto di sodio
- 1 chilo di carote, tagliato a fette
- Filetto di trota da 1 libbra, disossato, senza pelle e tagliato a dadini
- 1 cucchiaio di peperone rosso dolce
- 1 tazza di pomodoro, tagliato a cubetti
- 1 cucchiaio di olio d'oliva
- pepe nero a piacere

**Istruzioni:**
1. Scaldare una padella con l'olio d'oliva a fuoco medio-alto, aggiungere la cipolla, mescolare e soffriggere per 5 minuti.
2. Aggiungere il pesce, le carote e gli altri ingredienti, portare ad ebollizione e cuocere a fuoco medio per 20 minuti.
3. Versare la zuppa nelle ciotole e servire.

**Nutrizione:** calorie 361, grassi 13,4, fibre 4,6, carboidrati 164, proteine 44,1

# Spezzatino di tacchino e finocchi

**Tempo di preparazione:** 10 minuti
**Tempo di cottura:** 45 minuti
**Porzioni:** 4

## Ingredienti:
- 1 petto di tacchino, senza pelle, disossato e tagliato a cubetti
- 2 bulbi di finocchio, affettati
- 1 cucchiaio di olio d'oliva
- 2 foglie di alloro
- 1 cipolla gialla, tritata
- 1 tazza di pomodori in scatola, senza sale aggiunto
- 2 brodi di manzo a basso contenuto di sodio
- 3 spicchi d'aglio, tritati
- pepe nero a piacere

## Istruzioni:
1. Scaldare una padella con olio d'oliva a fuoco medio, aggiungere la cipolla e la carne e far rosolare per 5 minuti.
2. Aggiungete i finocchi e gli altri ingredienti, portate ad ebollizione e fate cuocere a fuoco medio per 40 minuti, mescolando di tanto in tanto.
3. Dividete lo spezzatino nelle ciotole e servite.

**Nutrizione:** Calorie 371, grassi 12,8, fibre 5,3, carboidrati 16,7, proteine 11,9

# zuppa di melanzane

**Tempo di preparazione: 10 minuti**
**Tempo di cottura: 30 minuti**
**Porzioni: 4**

**Ingredienti:**
- 2 melanzane grandi, tagliate a cubetti spessi
- 1 litro di brodo vegetale a basso contenuto di sodio
- 2 cucchiai di concentrato di pomodoro senza sale
- 1 cipolla rossa, tritata
- 1 cucchiaio di olio d'oliva
- 1 cucchiaio di coriandolo, tritato
- Un pizzico di pepe nero

**Istruzioni:**
1. Scaldare una padella con olio d'oliva a fuoco medio, aggiungere la cipolla, mescolare e soffriggere per 5 minuti.
2. Aggiungere le melanzane e gli altri ingredienti, portare ad ebollizione a fuoco medio, cuocere per 25 minuti, dividere nelle ciotole e servire.

**Nutrizione:** calorie 335, grassi 14,4, fibre 5, carboidrati 16,1, proteine 8,4

# crema di patate dolci

**Tempo di preparazione: 10 minuti**
**Tempo di cottura: 25 minuti**
**Porzioni: 4**

**Ingredienti:**
- 4 tazze di brodo vegetale
- 2 cucchiai di olio di avocado
- 2 patate dolci, sbucciate e tagliate a cubetti
- 2 cipolle gialle, tritate
- 2 spicchi d'aglio, tritati
- 1 tazza di latte di cocco
- Un pizzico di pepe nero
- ½ cucchiaino di basilico, tritato

**Istruzioni:**
1. Scaldare una padella con olio d'oliva a fuoco medio, aggiungere la cipolla e l'aglio, mescolare e soffriggere per 5 minuti.
2. Aggiungere la patata dolce e gli altri ingredienti, portare ad ebollizione e cuocere a fuoco medio per 20 minuti.
3. Frullare la zuppa con un frullatore ad immersione, versare nelle ciotole e servire a pranzo.

**Nutrizione:** Calorie 303, Grassi 14,4, Fibre 4, Carboidrati 9,8, Proteine 4,5

# Zuppa di pollo e funghi

**Tempo di preparazione: 10 minuti**
**Tempo di cottura: 30 minuti**
**Porzioni: 4**

**Ingredienti:**
- 1 litro di brodo vegetale, a basso contenuto di sodio
- 1 cucchiaio di zenzero, grattugiato
- 1 cipolla gialla, tritata
- 1 cucchiaio di olio d'oliva
- Petto di pollo da 1 libbra, senza pelle, disossato e tagliato a dadini
- Mezzo chilo di funghi bianchi, affettati
- 4 peperoni tailandesi tritati
- ¼ tazza di succo di limone
- ¼ tazza di coriandolo, tritato
- Un pizzico di pepe nero

**Istruzioni:**
1. Scaldare una padella con olio d'oliva a fuoco medio, aggiungere la cipolla, lo zenzero, i peperoni e la carne, mescolare e rosolare per 5 minuti.
2. Aggiungere i funghi, mescolare e cuocere per altri 5 minuti.
3. Aggiungere gli altri ingredienti, portare ad ebollizione e cuocere a fuoco medio per altri 20 minuti.
4. Versare la zuppa nelle ciotole e servire subito.

**Nutrizione:** calorie 226, grassi 8,4, fibre 3,3, carboidrati 13,6, proteine 28,2

# padella di salmone

**Tempo di preparazione: 10 minuti**
**Tempo di cottura: 20 minuti**
**Porzioni: 4**

**Ingredienti:**
- 4 filetti di salmone disossati
- 3 spicchi d'aglio, tritati
- 1 cipolla gialla, tritata
- pepe nero a piacere
- 2 cucchiai di olio d'oliva
- 1 succo di lime
- 1 cucchiaio di scorza di lime, grattugiata
- 1 cucchiaio di timo, tritato

**Istruzioni:**
1. Scaldare una padella con l'olio d'oliva a fuoco medio-alto, aggiungere la cipolla e l'aglio, mescolare e soffriggere per 5 minuti.
2. Aggiungere il pesce e cuocere per 3 minuti su ciascun lato.
3. Aggiungete il resto degli ingredienti, lasciate cuocere il tutto per altri 10 minuti, distribuite nei piatti e servite per il pranzo.

**Nutrizione:** Calorie 315, Grassi 18,1, Fibre 1,1, Carboidrati 4,9, Proteine 35,1

# Insalata di patate

**Tempo di preparazione:** 10 minuti
**Tempo di cottura:** 20 minuti
**Porzioni:** 4

**Ingredienti:**
- 2 pomodori, tritati
- 2 avocado, snocciolati e tritati
- 2 tazze di spinaci novelli
- 2 erba cipollina, tritata
- 1 libbra di patate dorate, bollite, sbucciate e affettate
- 1 cucchiaio di olio d'oliva
- 1 cucchiaio di succo di limone
- 1 cipolla gialla, tritata
- 2 spicchi d'aglio, tritati
- pepe nero a piacere
- 1 mazzetto di coriandolo, tritato

**Istruzioni:**
1. Scaldare una padella con l'olio d'oliva a fuoco medio-alto, aggiungere la cipolla, l'erba cipollina e l'aglio, mescolare e soffriggere per 5 minuti.
2. Aggiungete le patate, mescolate delicatamente e fate cuocere per altri 5 minuti.
3. Aggiungere il resto degli ingredienti, mescolare, cuocere a fuoco medio per altri 10 minuti, dividere in ciotole e servire a pranzo.

**Nutrizione:** Calorie 342, grassi 23,4, fibre 11,7, carboidrati 33,5, proteine 5

# Paella di manzo macinata e pomodoro

**Tempo di preparazione: 10 minuti**
**Tempo di cottura: 20 minuti**
**Porzioni: 4**

**Ingredienti:**
- 1 libbra di manzo macinato
- 1 cipolla rossa, tritata
- 1 cucchiaio di olio d'oliva
- 1 tazza di pomodorini, tagliati a metà
- ½ peperone rosso, tritato
- pepe nero a piacere
- 1 cucchiaio di erba cipollina, tritata
- 1 cucchiaio di rosmarino, tritato
- 3 cucchiai di brodo di manzo a basso contenuto di sodio

**Istruzioni:**
1. Scaldare una padella con olio d'oliva a fuoco medio, aggiungere la cipolla e il pepe, mescolare e soffriggere per 5 minuti
2. Aggiungete la carne, mescolate e fatela rosolare per altri 5 minuti.
3. Aggiungete il resto degli ingredienti, mescolate, lasciate cuocere per 10 minuti, dividete nelle ciotole e servite a pranzo.

**Nutrizione:** Calorie 320, grassi 11,3, fibre 4,4, carboidrati 18,4, proteine 9

# Insalata di gamberi e avocado

**Tempo di preparazione:** 5 minuti
**Tempo di cottura:** 0 minuti
**Porzioni:** 4

**Ingredienti:**
- 1 arancia, sbucciata e affettata
- 1 libbra di gamberetti, cotti, sbucciati e puliti
- 2 tazze di rucola novella
- 1 avocado, snocciolato, sbucciato e tagliato a cubetti
- 2 cucchiai di olio d'oliva
- 2 cucchiai di aceto balsamico
- ½ succo d'arancia
- sale e pepe nero

**Istruzioni:**
1. In un'insalata, mescolare i gamberi con le arance e gli altri ingredienti, mescolare e servire a pranzo.

**Nutrizione:** Calorie 300, grassi 5,2, fibre 2, carboidrati 11,4, proteine 6,7

# Crema di broccoli

**Tempo di preparazione: 10 minuti**
**Tempo di cottura: 40 minuti**
**Porzioni: 4**

**Ingredienti:**
- 2 chili di cimette di broccoli
- 1 cipolla gialla, tritata
- 1 cucchiaio di olio d'oliva
- pepe nero a piacere
- 2 spicchi d'aglio, tritati
- 3 tazze di brodo di manzo a basso contenuto di sodio
- 1 tazza di latte di cocco
- 2 cucchiai di coriandolo, tritato

**Istruzioni:**
1. Scaldare una padella con olio d'oliva a fuoco medio, aggiungere la cipolla e l'aglio, mescolare e soffriggere per 5 minuti.
2. Aggiungete i broccoli e il resto degli ingredienti, escluso il latte di cocco, portate a ebollizione e fate cuocere a fuoco medio per altri 35 minuti.
3. Frullare la zuppa nel frullatore, aggiungere il latte di cocco, frullare ancora, dividere nelle ciotole e servire.

**Nutrizione:** Calorie 330, grassi 11,2, fibre 9,1, carboidrati 16,4, proteine 9,7

# Zuppa di cavoli

**Tempo di preparazione: 10 minuti**
**Tempo di cottura: 40 minuti**
**Porzioni: 4**

**Ingredienti:**
- 1 grande testa di cavolo verde, tritata grossolanamente
- 1 cipolla gialla, tritata
- 1 cucchiaio di olio d'oliva
- pepe nero a piacere
- 1 porro, tritato
- 2 tazze di pomodori in scatola, a basso contenuto di sodio
- 4 tazze di brodo di pollo, a basso contenuto di sodio
- 1 cucchiaio di coriandolo, tritato

**Istruzioni:**
1. Scaldare una padella con olio d'oliva a fuoco medio, aggiungere la cipolla e il porro, mescolare e cuocere per 5 minuti.
2. Aggiungere il cavolo cappuccio e il resto degli ingredienti, tranne il coriandolo, portare a ebollizione e cuocere a fuoco medio per 35 minuti.
3. Versare la zuppa nelle ciotole, cospargere il coriandolo e servire.

**Nutrizione:** Calorie 340, grassi 11,7, fibre 6, carboidrati 25,8, proteine 11,8

# Zuppa di sedano e cavolfiore

**Tempo di preparazione: 10 minuti**
**Tempo di cottura: 40 minuti**
**Porzioni: 4**

**Ingredienti:**
- 2 chili di cimette di cavolfiore
- 1 cipolla rossa, tritata
- 1 cucchiaio di olio d'oliva
- 1 tazza di passata di pomodoro
- pepe nero a piacere
- 1 tazza di sedano, tritato
- 6 tazze di brodo di pollo a basso contenuto di sodio
- 1 cucchiaio di aneto, tritato

**Istruzioni:**
4. Scaldare una padella con l'olio d'oliva a fuoco medio-alto, aggiungere la cipolla e il sedano, mescolare e far rosolare per 5 minuti.
5. Aggiungete il cavolfiore e il resto degli ingredienti, portate a ebollizione e fate cuocere a fuoco medio per altri 35 minuti.
6. Dividete la zuppa nelle ciotole e servite.

**Nutrizione:** calorie 135, grassi 4, fibre 8, carboidrati 21,4, proteine 7,7

# Zuppa di maiale e porri

**Tempo di preparazione:** 10 minuti
**Tempo di cottura:** 40 minuti
**Porzioni:** 4

**Ingredienti:**
- 1 libbra di maiale cotto, tagliato a dadini
- pepe nero a piacere
- 5 porri, tritati
- 1 cipolla gialla, tritata
- 2 cucchiai di olio d'oliva
- 1 cucchiaio di prezzemolo, tritato
- 6 tazze di brodo di manzo a basso contenuto di sodio

**Istruzioni:**
4. Scaldare una padella con l'olio d'oliva a fuoco medio-alto, aggiungere la cipolla e il porro, mescolare e soffriggere per 5 minuti.
5. Aggiungete la carne, mescolate e fatela rosolare per altri 5 minuti.
6. Aggiungere il resto degli ingredienti, portare ad ebollizione e cuocere a fuoco medio per 30 minuti.
7. Versare la zuppa nelle ciotole e servire.

**Nutrizione:** calorie 395, grassi 18,3, fibre 2,6, carboidrati 18,4, proteine 38,2

# Insalata di gamberi e broccoli

**Tempo di preparazione:** 5 minuti
**Tempo di cottura:** 20 minuti
**Porzioni:** 4

**Ingredienti:**
- 1/3 di tazza di brodo vegetale a basso contenuto di sodio
- 2 cucchiai di olio d'oliva
- 2 tazze di cimette di broccoli
- 1 libbra di gamberi, sbucciati e puliti
- pepe nero a piacere
- 1 cipolla gialla, tritata
- 4 pomodorini, tagliati a metà
- 2 spicchi d'aglio, tritati
- Succo di ½ limone
- ½ tazza di olive Kalamata, snocciolate e tagliate a metà
- 1 cucchiaio di menta, tritata

**Istruzioni:**
1. Scaldare una padella con l'olio d'oliva a fuoco medio-alto, aggiungere la cipolla e l'aglio, mescolare e soffriggere per 3 minuti.
2. Aggiungere i gamberi, mescolare e cuocere per altri 2 minuti.
3. Aggiungere i broccoli e gli altri ingredienti, mescolare, cuocere per 10 minuti, dividere in ciotole e servire a pranzo.

**Nutrizione:**calorie 270, grassi 11,3, fibre 4,1, carboidrati 14,3, proteine 28,9

# Zuppa di merluzzo e gamberi

**Tempo di preparazione:** 10 minuti
**Tempo di cottura:** 20 minuti
**Porzioni:** 4

**Ingredienti:**
- 1 litro di brodo di pollo a basso contenuto di sodio
- Mezzo chilo di gamberi, sbucciati e puliti
- Lombi di merluzzo da ½ libbra, disossati, senza pelle e tagliati a dadini
- 2 cucchiai di olio d'oliva
- 2 cucchiaini di peperoncino in polvere
- 1 cucchiaino di peperone rosso dolce
- 2 scalogni, tritati
- Un pizzico di pepe nero
- 1 cucchiaio di aneto, tritato

**Istruzioni:**
1. Scaldare una padella con l'olio a fuoco medio, aggiungere lo scalogno, mescolare e soffriggere per 5 minuti.
2. Aggiungete i gamberi e il merluzzo e fate cuocere per altri 5 minuti.
3. Aggiungere gli altri ingredienti, portare ad ebollizione e cuocere a fuoco medio per 10 minuti.
4. Dividete la zuppa nelle ciotole e servite.

**Nutrizione:** calorie 189, grassi 8,8, fibre 0,8, carboidrati 3,2, proteine 24,6

# Mix di gamberi e cipolla

**Tempo di preparazione:** 10 minuti
**Tempo di cottura:** 10 minuti
**Porzioni:** 4

**Ingredienti:**
- 2 libbre di gamberetti, sbucciati e puliti
- 1 tazza di pomodorini, tagliati a metà
- 1 cucchiaio di olio d'oliva
- 4 cipolle verdi, tritate
- 1 cucchiaio di aceto balsamico
- 1 cucchiaio di erba cipollina, tritata

**Istruzioni:**
1. Scaldare una padella con olio d'oliva a fuoco medio, aggiungere la cipolla e i pomodorini, mescolare e soffriggere per 4 minuti.
2. Aggiungete i gamberi e gli altri ingredienti, fate cuocere per altri 6 minuti, distribuite nei piatti e servite.

**Nutrizione:** calorie 313, grassi 7,5, fibre 1, carboidrati 6,4, proteine 52,4

# spezzatino di spinaci

**Tempo di preparazione: 10 minuti**
**Tempo di cottura: 15 minuti**
**Porzioni: 4**

**Ingredienti:**
- 1 cucchiaio di olio d'oliva
- 1 cucchiaino di zenzero, grattugiato
- 2 spicchi d'aglio, tritati
- 1 cipolla gialla, tritata
- 2 pomodori, tritati
- 1 tazza di pomodori in scatola, senza sale aggiunto
- 1 cucchiaino di cumino, macinato
- Un pizzico di pepe nero
- 1 tazza di brodo vegetale a basso contenuto di sodio
- 2 chili di foglie di spinaci

**Istruzioni:**
1. Scaldare una padella con olio d'oliva a fuoco medio, aggiungere lo zenzero, l'aglio e la cipolla, mescolare e soffriggere per 5 minuti.
2. Aggiungete i pomodori, i pomodori in scatola e gli altri ingredienti, mescolate delicatamente, portate a bollore e fate cuocere per altri 10 minuti.
3. Dividete lo spezzatino nelle ciotole e servite.

**Nutrizione:** calorie 123, grassi 4,8, fibre 7,3, carboidrati 17, proteine 8,2

# Mix di curry di cavolfiore

**Tempo di preparazione: 10 minuti**
**Tempo di cottura: 25 minuti**
**Porzioni: 4**

**Ingredienti:**
- 1 cipolla rossa, tritata
- 1 cucchiaio di olio d'oliva
- 2 spicchi d'aglio, tritati
- 1 peperone rosso, tritato
- 1 peperone verde, tritato
- 1 cucchiaio di succo di limone
- 1 libbra di cimette di cavolfiore
- 14 once di pomodori in scatola, tritati
- 2 cucchiaini di curry in polvere
- Un pizzico di pepe nero
- 2 tazze di crema di cocco
- 1 cucchiaio di coriandolo, tritato

**Istruzioni:**
1. Scaldare una padella con olio d'oliva a fuoco medio, aggiungere la cipolla e l'aglio, mescolare e soffriggere per 5 minuti.
2. Aggiungere il pepe e gli altri ingredienti, portare ad ebollizione e cuocere a fuoco medio per 20 minuti.
3. Dividete il tutto nelle ciotole e servite.

**Nutrizione:** Calorie 270, grassi 7,7, fibre 5,4, carboidrati 12,9, proteine 7

# Spezzatino di carote e zucchine

**Tempo di preparazione:** 10 minuti
**Tempo di cottura:** 30 minuti
**Porzioni:** 4

**Ingredienti:**
- 1 cipolla gialla, tritata
- 2 cucchiai di olio d'oliva
- 2 spicchi d'aglio, tritati
- 4 zucchine, tagliate a fette
- 2 carote, affettate
- 1 cucchiaino di peperone rosso dolce
- ¼ cucchiaino di peperoncino in polvere
- Un pizzico di pepe nero
- ½ tazza di pomodoro, tritato
- 2 tazze di brodo vegetale a basso contenuto di sodio
- 1 cucchiaio di erba cipollina, tritata
- 1 cucchiaio di rosmarino, tritato

**Istruzioni:**
1. Scaldare una padella con olio d'oliva a fuoco medio, aggiungere la cipolla e l'aglio, mescolare e soffriggere per 5 minuti.
2. Aggiungete le zucchine, le carote e gli altri ingredienti, abbassate la fiamma e fate cuocere per altri 25 minuti.
3. Dividete lo spezzatino nelle ciotole e servitelo subito a pranzo.

**Nutrizione:** Calorie 272, grassi 4,6, fibre 4,7, carboidrati 14,9, proteine 9

# Spezzatino di cavoli e fagiolini

**Tempo di preparazione:** 10 minuti
**Tempo di cottura:** 25 minuti
**Porzioni:** 4

**Ingredienti:**
- 2 cucchiai di olio d'oliva
- 1 testa di cavolo rosso, tritato
- 1 cipolla rossa, tritata
- 1 libbra di fagiolini, tagliati e tagliati a metà
- 2 spicchi d'aglio, tritati
- 7 once di pomodori in scatola, tagliati a dadini senza sale
- 2 tazze di brodo vegetale a basso contenuto di sodio
- Un pizzico di pepe nero
- 1 cucchiaio di aneto, tritato

**Istruzioni:**
1. Scaldare una padella con olio d'oliva a fuoco medio, aggiungere la cipolla e l'aglio, mescolare e soffriggere per 5 minuti.
2. Aggiungete la verza e il resto degli ingredienti, mescolate, coprite e fate cuocere a fuoco medio per 20 minuti.
3. Dividere in ciotole e servire per il pranzo.

**Nutrizione:** calorie 281, grassi 8,5, fibre 7,1, carboidrati 14,9, proteine 6,7

# Zuppa di funghi con pepe

**Tempo di preparazione:** 5 minuti
**Tempo di cottura:** 30 minuti
**Porzioni:** 4

**Ingredienti:**
- 1 cipolla gialla, tritata
- 1 cucchiaio di olio d'oliva
- 1 peperone rosso, tritato
- 1 cucchiaino di peperoncino in polvere
- ½ cucchiaino di peperoncino piccante
- 4 spicchi d'aglio, tritati
- 1 chilo di funghi bianchi, tagliati a fette
- 6 tazze di brodo vegetale a basso contenuto di sodio
- 1 tazza di pomodoro, tritato
- ½ cucchiaio di prezzemolo tritato

**Istruzioni:**
1. Scaldare una padella con olio d'oliva a fuoco medio, aggiungere la cipolla, il peperone, il peperoncino, il peperoncino in polvere e l'aglio, mescolare e soffriggere per 5 minuti.
2. Aggiungere i funghi, mescolare e cuocere per altri 5 minuti.
3. Aggiungere il resto degli ingredienti, portare ad ebollizione e cuocere a fuoco medio per 20 minuti.
4. Dividete la zuppa nelle ciotole e servite.

**Nutrizione:** Calorie 290, grassi 6,6, fibre 4,6, carboidrati 16,9, proteine 10

# maiale al peperoncino

**Tempo di preparazione: 10 minuti**
**Tempo di cottura: 30 minuti**
**Porzioni: 4**

**Ingredienti:**
- 2 libbre di maiale brasato, tagliato a dadini
- 2 cucchiai di pasta di peperoncino
- 1 cipolla gialla, tritata
- 2 spicchi d'aglio, tritati
- 1 cucchiaio di olio d'oliva
- 2 tazze di brodo di manzo a basso contenuto di sodio
- 1 cucchiaio di origano tritato

**Istruzioni:**
1. Scaldare una padella con olio d'oliva a fuoco medio-alto, aggiungere la cipolla e l'aglio, mescolare e soffriggere per 5 minuti.
2. Aggiungete la carne e fatela rosolare per altri 5 minuti.
3. Aggiungere gli altri ingredienti, portare ad ebollizione e cuocere a fuoco medio per altri 20 minuti.
4. Dividete il composto nelle ciotole e servite.

**Nutrizione:** Calorie 363, grassi 8,6, fibre 7, carboidrati 17,3, proteine 18,4

# Insalata di salmone e peperoni

**Tempo di preparazione: 10 minuti**
**Tempo di cottura: 20 minuti**
**Porzioni: 4**

**Ingredienti:**
- 10 once di salmone affumicato, a basso contenuto di sodio, disossato, senza pelle, a dadini
- 2 cipolle verdi, tritate
- 2 peperoni rossi, tritati
- 1 cucchiaio di olio d'oliva
- ½ cucchiaino di origano, secco
- ½ cucchiaino di paprika affumicata
- Un pizzico di pepe nero
- 8 once di funghi bianchi, affettati
- 1 cucchiaio di succo di limone
- 1 tazza di olive nere snocciolate e tagliate a metà
- 1 cucchiaio di prezzemolo, tritato

**Istruzioni:**
1. Scaldare una padella con l'olio a fuoco medio, aggiungere la cipolla e il pepe, mescolare e cuocere per 4 minuti.
2. Aggiungere i funghi, mescolare e friggere per 5 minuti.
3. Aggiungere il salmone e gli altri ingredienti, mescolare, cuocere per altri 10 minuti, dividere nelle ciotole e servire a pranzo.

**Nutrizione:** calorie 321, grassi 8,5, fibre 8, carboidrati 22,2, proteine 13,5

# Misto di ceci e patate

**Tempo di preparazione: 10 minuti**
**Tempo di cottura: 30 minuti**
**Porzioni: 4**

### Ingredienti:
- 2 cucchiai di olio d'oliva
- 1 tazza di ceci in scatola, non salati, scolati e sciacquati
- 1 chilo di patate dolci, sbucciate e tagliate a fette
- 4 spicchi d'aglio, tritati
- 2 scalogni, tritati
- 1 tazza di pomodori in scatola, non salati e tritati
- 1 cucchiaino di coriandolo, macinato
- 2 pomodori, tritati
- 1 tazza di brodo vegetale a basso contenuto di sodio
- Un pizzico di pepe nero
- 1 cucchiaio di succo di limone
- 1 cucchiaio di coriandolo, tritato

### Istruzioni:
1. Scaldare una padella con l'olio a fuoco medio, aggiungere lo scalogno e l'aglio, mescolare e far rosolare per 5 minuti.
2. Aggiungere i ceci, le patate e gli altri ingredienti, portare ad ebollizione e cuocere a fuoco medio per 25 minuti.
3. Dividete il tutto in ciotole e servite per il pranzo.

**Nutrizione:** Calorie 341, grassi 11,7, fibre 6, carboidrati 14,9, proteine 18,7

# Mix di pollo al cardamomo

**Tempo di preparazione:** 10 minuti
**Tempo di cottura:** 30 minuti
**Porzioni:** 4

**Ingredienti:**
- 1 cucchiaio di olio d'oliva
- Petto di pollo da 1 libbra, senza pelle, disossato e tagliato a dadini
- 1 scalogno, tritato
- 1 cucchiaio di zenzero, grattugiato
- 2 spicchi d'aglio, tritati
- 1 cucchiaino di cardamomo, macinato
- ½ cucchiaino di curcuma in polvere
- 1 cucchiaino di succo di limone
- 1 tazza di brodo di pollo a basso contenuto di sodio
- 1 cucchiaio di coriandolo, tritato

**Istruzioni:**
1. Scaldare una padella con l'olio a fuoco medio-alto, aggiungere la cipolla, lo zenzero, l'aglio, il cardamomo e la curcuma, mescolare e soffriggere per 5 minuti.
2. Aggiungere la carne e farla rosolare per 5 minuti.
3. Aggiungere gli altri ingredienti, portare ad ebollizione e cuocere per 20 minuti.
4. Dividete il composto nelle ciotole e servite.

**Nutrizione:** Calorie 175, grassi 6,5, fibre 0,5, carboidrati 3,3, proteine 24,7

# lenticchie al peperoncino

**Tempo di preparazione: 10 minuti**
**Tempo di cottura: 35 minuti**
**Porzioni: 6**

**Ingredienti:**
- 1 peperone verde, tritato
- 1 cucchiaio di olio d'oliva
- 2 erba cipollina, tritata
- 2 spicchi d'aglio, tritati
- 24 once di lenticchie in scatola, non salate, scolate e sciacquate
- 2 tazze di brodo vegetale
- 2 cucchiai di peperoncino in polvere, delicato
- ½ cucchiaino di polvere di chipotle
- 30 once di pomodori in scatola non salati, tritati
- Un pizzico di pepe nero

**Istruzioni:**
1. Scaldare una padella con olio d'oliva a fuoco medio, aggiungere la cipolla e l'aglio, mescolare e soffriggere per 5 minuti.
2. Aggiungete il pepe, le lenticchie e gli altri ingredienti, portate ad ebollizione e fate cuocere a fuoco medio per 30 minuti.
3. Dividete il peperone in ciotole e servitelo a pranzo.

**Nutrizione:** calorie 466, grassi 5, fibre 37,6, carboidrati 77,9, proteine 31,2

# indivia al rosmarino

**Tempo di preparazione:** 10 minuti
**Tempo di cottura:** 20 minuti
**Porzioni:** 4

**Ingredienti:**
- 2 indivie, tagliate a metà nel senso della lunghezza
- 2 cucchiai di olio d'oliva
- 1 cucchiaino di rosmarino essiccato
- ½ cucchiaino di curcuma in polvere
- Un pizzico di pepe nero

**Istruzioni:**
1. In una pirofila unire l'indivia con l'olio e gli altri ingredienti, mescolare delicatamente, infornare e cuocere a 200 gradi per 20 minuti.
2. Dividere nei piatti e servire come guarnizione.

**Nutrizione:** Calorie 66, Grassi 7.1, Fibre 1, Carboidrati 1.2, Proteine 0.3

# indivia al limone

**Tempo di preparazione: 10 minuti**
**Tempo di cottura: 20 minuti**
**Porzioni: 4**

**Ingredienti:**
- 4 indivie, tagliate a metà nel senso della lunghezza
- 1 cucchiaio di succo di limone
- 1 cucchiaio di scorza di limone, grattugiata
- 2 cucchiai di parmigiano senza grassi, grattugiato
- 2 cucchiai di olio d'oliva
- Un pizzico di pepe nero

**Istruzioni:**
1. In una teglia, mescolare l'indivia con il succo di limone e il resto degli ingredienti, tranne il parmigiano, e mescolare.
2. Cospargere il parmigiano, arrostire l'indivia a 400 gradi F per 20 minuti, dividerla nei piatti e servire come contorno.

**Nutrizione:** Calorie 71, Grassi 7.1, Fibre 0.9, Carboidrati 2.3, Proteine 0.9

# asparagi al pesto

**Tempo di preparazione: 10 minuti**
**Tempo di cottura: 20 minuti**
**Porzioni: 4**

**Ingredienti:**
- 1 libbra di asparagi, tritati
- 2 cucchiai di pesto di basilico
- 1 cucchiaio di succo di limone
- Un pizzico di pepe nero
- 3 cucchiai di olio d'oliva
- 2 cucchiai di coriandolo, tritato

**Istruzioni:**
1. Disporre gli asparagi sulla teglia foderata, aggiungere il pesto e gli altri ingredienti, mescolare, infornare e cuocere a 400 gradi F per 20 minuti.
2. Dividere nei piatti e servire come guarnizione.

**Nutrizione:** Calorie 114, grassi 10,7, fibre 2,4, carboidrati 4,6, proteine 2,6

# carote al peperoncino

**Tempo di preparazione: 10 minuti**
**Tempo di cottura: 30 minuti**
**Porzioni: 4**

**Ingredienti:**
- 1 libbra di carotine, tagliate
- 1 cucchiaio di peperone rosso dolce
- 1 cucchiaino di succo di limone
- 3 cucchiai di olio d'oliva
- Un pizzico di pepe nero
- 1 cucchiaino di semi di sesamo

**Istruzioni:**
1. Disporre le carote su una teglia foderata, aggiungere il peperoncino e gli altri ingredienti tranne i semi di sesamo, mescolare, mettere in forno e cuocere a 400 gradi F per 30 minuti.
2. Dividere le carote nei piatti, cospargere con semi di sesamo e servire come contorno.

**Nutrizione:** Calorie 142, grassi 11,3, fibre 4,1, carboidrati 11,4, proteine 1,2

# Patate cremose

**Tempo di preparazione: 10 minuti**
**Tempo di cottura: 1 ora**
**Porzioni: 8**

**Ingredienti:**
- 1 chilo di patate dorate, sbucciate e tagliate a fette
- 2 cucchiai di olio d'oliva
- 1 cipolla rossa, tritata
- 2 spicchi d'aglio, tritati
- 2 tazze di crema di cocco
- 1 cucchiaio di timo, tritato
- ¼ cucchiaino di noce moscata, macinata
- ½ tazza di parmigiano magro, grattugiato

**Istruzioni:**
1. Scaldare una padella con olio d'oliva a fuoco medio, aggiungere la cipolla e l'aglio e soffriggere per 5 minuti.
2. Aggiungere le patate e friggere per altri 5 minuti.
3. Aggiungere la panna e il resto degli ingredienti, mescolare delicatamente, portare ad ebollizione e cuocere a fuoco medio per altri 40 minuti.
4. Dividete il composto nei piatti e servite come guarnizione.

**Nutrizione:** calorie 230, grassi 19,1, fibre 3,3, carboidrati 14,3, proteine 3,6

## con sesamo

**Tempo di preparazione:** 10 minuti
**Tempo di cottura:** 20 minuti
**Porzioni:** 4

**Ingredienti:**
- 1 libbra di cavolo verde, tritato grossolanamente
- 2 cucchiai di olio d'oliva
- Un pizzico di pepe nero
- 1 scalogno, tritato
- 2 spicchi d'aglio, tritati
- 2 cucchiai di aceto balsamico
- 2 cucchiaini di peperoncino piccante
- 1 cucchiaino di semi di sesamo

**Istruzioni:**
1. Scaldare una padella con olio d'oliva a fuoco medio, aggiungere la cipolla e l'aglio e soffriggere per 5 minuti.
2. Aggiungere la verza e gli altri ingredienti, mescolare, cuocere a fuoco medio per 15 minuti, distribuire nei piatti e servire.

**Nutrizione:** Calorie 101, Grassi 7,6, Fibre 3,4, Carboidrati 84, Proteine 1,9

# Broccoli al coriandolo

**Tempo di preparazione: 10 minuti**
**Tempo di cottura: 30 minuti**
**Porzioni: 4**

**Ingredienti:**
- 2 cucchiai di olio d'oliva
- Cimette di broccoli da 1 libbra
- 2 spicchi d'aglio, tritati
- 2 cucchiai di salsa di peperoni
- 1 cucchiaio di succo di limone
- Un pizzico di pepe nero
- 2 cucchiai di coriandolo, tritato

**Istruzioni:**
1. Su una teglia, condire i broccoli con l'olio, l'aglio e gli altri ingredienti, mescolare un po', infornare e cuocere a 400 gradi F per 30 minuti.
2. Dividete il composto nei piatti e servite come guarnizione.

**Nutrizione:** Calorie 103, Grassi 7,4, Fibre 3, Carboidrati 8,3, Proteine 3,4

# Cavolini di Bruxelles al pepe

**Tempo di preparazione:** 10 minuti
**Tempo di cottura:** 25 minuti
**Porzioni:** 4

**Ingredienti:**
- 1 cucchiaio di olio d'oliva
- 1 libbra di cavoletti di Bruxelles, tagliati e tagliati a metà
- 2 spicchi d'aglio, tritati
- ½ tazza di mozzarella magra, grattugiata
- Un pizzico di scaglie di pepe, tritato

**Istruzioni:**
1. In una teglia, unire i cavoletti con l'olio e il resto degli ingredienti, escluso il formaggio, e amalgamare.
2. Cospargere il formaggio sopra, mettere in forno e cuocere a 400 gradi F per 25 minuti.
3. Dividere nei piatti e servire come guarnizione.

**Nutrizione:** Calorie 91, Grassi 4.5, Fibre 4.3, Carboidrati 10.9, Proteine 5

# Miscela di cavoletti di Bruxelles ed erba cipollina

**Tempo di preparazione:** 10 minuti
**Tempo di cottura:** 25 minuti
**Porzioni:** 4

**Ingredienti:**
- 2 cucchiai di olio d'oliva
- 1 libbra di cavoletti di Bruxelles, tagliati e tagliati a metà
- 3 cipolle verdi, tritate
- 2 spicchi d'aglio, tritati
- 1 cucchiaio di aceto balsamico
- 1 cucchiaio di peperone rosso dolce
- Un pizzico di pepe nero

**Istruzioni:**
1. Su una teglia, condisci i cavoletti di Bruxelles con l'olio e gli altri ingredienti, mescola e inforna a 400 gradi F per 25 minuti.
2. Dividere il composto nei piatti e servire.

**Nutrizione:** Calorie 121, grassi 7,6, fibre 5,2, carboidrati 12,7, proteine 4,4

# purea di cavolfiore

**Tempo di preparazione: 10 minuti**
**Tempo di cottura: 25 minuti**
**Porzioni: 4**

**Ingredienti:**
- 2 chili di cimette di cavolfiore
- ½ tazza di latte di cocco
- Un pizzico di pepe nero
- ½ tazza di panna acida a basso contenuto di grassi
- 1 cucchiaio di coriandolo, tritato
- 1 cucchiaio di erba cipollina, tritata

**Istruzioni:**
1. Mettete il cavolfiore in una pentola, aggiungete acqua fino a coprire, portate a ebollizione a fuoco medio, fate cuocere per 25 minuti e scolate.
2. Schiacciare il cavolfiore, aggiungere il latte, il pepe nero e la panna, sbattere bene, distribuire nei piatti, cospargere con il resto degli ingredienti e servire.

**Nutrizione:** Calorie 188, grassi 13,4, fibre 6,4, carboidrati 15, proteine 6,1

# Insalata di avocado

**Tempo di preparazione: 5 minuti**
**Tempo di cottura: 0 minuti**
**Porzioni: 4**

**Ingredienti:**
- 2 cucchiai di olio d'oliva
- 2 avocado, sbucciati, senza torsolo e affettati
- 1 tazza di olive Kalamata, snocciolate e tagliate a metà
- 1 tazza di pomodoro, tagliato a cubetti
- 1 cucchiaio di zenzero, grattugiato
- Un pizzico di pepe nero
- 2 tazze di rucola novella
- 1 cucchiaio di aceto balsamico

**Istruzioni:**
1. In una ciotola, mescolare gli avocado con il kalamata e il resto degli ingredienti, mescolare e servire come guarnizione.

**Nutrizione:** Calorie 320, grassi 30,4, fibre 8,7, carboidrati 13,9, proteine 3

# insalata di ravanelli

**Tempo di preparazione:** 5 minuti
**Tempo di cottura:** 0 minuti
**Porzioni:** 4

**Ingredienti:**
- 2 cipolle verdi, affettate
- 1 libbra di ravanelli, tagliati a dadini
- 2 cucchiai di aceto balsamico
- 2 cucchiai di olio d'oliva
- 1 cucchiaino di peperoncino in polvere
- 1 tazza di olive nere snocciolate e tagliate a metà
- Un pizzico di pepe nero

**Istruzioni:**
1. In una grande insalata condite i ravanelli con la cipolla e gli altri ingredienti, mescolate e servite come guarnizione.

**Nutrizione:** Calorie 123, grassi 10,8, fibre 3,3, carboidrati 7, proteine 1,3

# Insalata di indivia al limone

**Tempo di preparazione:** 5 minuti
**Tempo di cottura:** 0 minuti
**Porzioni:** 4

**Ingredienti:**
- 2 indivie, grattugiate grossolanamente
- 1 cucchiaio di aneto, tritato
- ¼ tazza di succo di limone
- ¼ tazza di olio d'oliva
- 2 tazze di spinaci novelli
- 2 pomodori, tagliati a cubetti
- 1 cetriolo, affettato
- ½ tazza di noci, tritate

**Istruzioni:**
1. In una ciotola capiente condite l'indivia con gli spinaci e il resto degli ingredienti, mescolate e servite come contorno.

**Nutrizione:** calorie 238, grassi 22,3, fibre 3,1, carboidrati 8,4, proteine 5,7

# Miscela di olive e mais

**Tempo di preparazione:** 5 minuti
**Tempo di cottura:** 0 minuti
**Porzioni:** 4

**Ingredienti:**
- 2 cucchiai di olio d'oliva
- 1 cucchiaio di aceto balsamico
- Un pizzico di pepe nero
- 4 tazze di mais
- 2 tazze di olive nere snocciolate e tagliate a metà
- 1 cipolla rossa, tritata
- ½ tazza di pomodorini, tagliati a metà
- 1 cucchiaio di basilico, tritato
- 1 cucchiaio di jalapeño, tritato
- 2 tazze di lattuga romana, triturata

**Istruzioni:**
1. In una ciotola capiente, mescolare il mais con le olive, la lattuga e gli altri ingredienti, mescolare bene, distribuire nei piatti e servire come contorno.

**Nutrizione:** Calorie 290, grassi 16,1, fibre 7,4, carboidrati 37,6, proteine 6,2

# Insalata di rucola e pinoli

**Tempo di preparazione: 5 minuti**
**Tempo di cottura: 0 minuti**
**Porzioni: 4**

**Ingredienti:**
- ¼ di tazza di semi di melograno
- 5 tazze di rucola novella
- 6 cucchiai di cipolla verde tritata
- 1 cucchiaio di aceto balsamico
- 2 cucchiai di olio d'oliva
- 3 cucchiai di pinoli
- ½ scalogno, tritato

**Istruzioni:**
1. In un'insalata, mescolare la rucola con la melagrana e il resto degli ingredienti, mescolare e servire.

**Nutrizione:** Calorie 120, grassi 11,6, fibre 0,9, carboidrati 4,2, proteine 1,8

# Mandorle e spinaci

**Tempo di preparazione:** 10 minuti
**Tempo di cottura:** 0 minuti
**Porzioni:** 4

**Ingredienti:**
- 2 cucchiai di olio d'oliva
- 2 avocado, sbucciati, senza torsolo e affettati
- 3 tazze di spinaci novelli
- ¼ tazza di mandorle tostate e tritate
- 1 cucchiaio di succo di limone
- 1 cucchiaio di coriandolo, tritato

**Istruzioni:**
1. In una ciotola mescolare gli avocado con le mandorle, gli spinaci e il resto degli ingredienti, mescolare e servire come contorno.

**Nutrizione:** Calorie 181, grassi 4, fibre 4,8, carboidrati 11,4, proteine 6

# Insalata di fagiolini e mais

**Tempo di preparazione:** 4 minuti
**Tempo di cottura:** 0 minuti
**Porzioni:** 4

**Ingredienti:**
- 1 succo di lime
- 2 tazze di lattuga romana, triturata
- 1 tazza di mais
- ½ libbra di fagiolini, sbollentati e tagliati a metà
- 1 cetriolo, tritato
- 1/3 tazza di erba cipollina, tritata

**Istruzioni:**
1. In una ciotola mescolare i fagiolini con il mais e il resto degli ingredienti, mescolare e servire.

**Nutrizione:** Calorie 225, grassi 12, fibre 2,4, carboidrati 11,2, proteine 3,5

# Insalata di indivia e cavolo riccio

**Tempo di preparazione: 4 minuti**
**Tempo di cottura: 0 minuti**
**Porzioni: 4**

**Ingredienti:**
- 3 cucchiai di olio d'oliva
- 2 indivie, tagliate e grattugiate
- 2 cucchiai di succo di limone
- 1 cucchiaio di scorza di lime, grattugiata
- 1 cipolla rossa, affettata
- 1 cucchiaio di aceto balsamico
- 1 libbra di cavolo riccio, tritato
- Un pizzico di pepe nero

**Istruzioni:**
1. In una ciotola mescolare l'indivia con il cavolo riccio e il resto degli ingredienti, mescolare bene e servire fredda come insalata.

**Nutrizione:** Calorie 270, grassi 11,4, fibre 5, carboidrati 14,3, proteine 5,7

# Insalata di edamame

**Tempo di preparazione: 5 minuti**
**Tempo di cottura: 6 minuti**
**Porzioni: 4**

**Ingredienti:**
- 2 cucchiai di olio d'oliva
- 2 cucchiai di aceto balsamico
- 2 spicchi d'aglio, tritati
- 3 tazze di edamame, sgusciate
- 1 cucchiaio di erba cipollina, tritata
- 2 scalogni, tritati

**Istruzioni:**
1. Scaldare una padella con l'olio a fuoco medio, aggiungere l'edamame, l'aglio e il resto degli ingredienti, mescolare, lasciar cuocere per 6 minuti, distribuire nei piatti e servire.

**Nutrizione:** Calorie 270, grassi 8,4, fibre 5,3, carboidrati 11,4, proteine 6

# Insalata di uva e avocado

**Tempo di preparazione: 5 minuti**
**Tempo di cottura: 0 minuti**
**Porzioni: 4**

**Ingredienti:**
- 2 tazze di spinaci novelli
- 2 avocado, sbucciati, snocciolati e tritati grossolanamente
- 1 cetriolo, affettato
- 1 tazza e ½ di uva verde, tagliata a metà
- 2 cucchiai di olio di avocado
- 1 cucchiaio di aceto di sidro
- 2 cucchiai di prezzemolo, tritato
- Un pizzico di pepe nero

**Istruzioni:**
1. In un'insalata, mescolare gli spinaci con gli avocado e il resto degli ingredienti, mescolare e servire.

**Nutrizione:** Calorie 277, grassi 11,4, fibre 5, carboidrati 14,6, proteine 4

# Mix di melanzane all'origano

**Tempo di preparazione: 10 minuti**
**Tempo di cottura: 20 minuti**
**Porzioni: 4**

**Ingredienti:**
- 2 melanzane grandi, tagliate a cubetti spessi
- 1 cucchiaio di origano tritato
- ½ tazza di parmigiano magro, grattugiato
- ¼ cucchiaino di aglio in polvere
- 2 cucchiai di olio d'oliva
- Un pizzico di pepe nero

**Istruzioni:**
1. In una teglia, unire le melanzane con l'origano e il resto degli ingredienti tranne il formaggio e amalgamare.
2. Cospargere il parmigiano, infornare e cuocere a 180°C per 20 minuti.
3. Dividere nei piatti e servire come guarnizione.

**Nutrizione:** Calorie 248, grassi 8,4, fibre 4, carboidrati 14,3, proteine 5,4

# Miscela di pomodori arrostiti

**Tempo di preparazione:** 10 minuti
**Tempo di cottura:** 20 minuti
**Porzioni:** 4

**Ingredienti:**
- 2 chili di pomodori tagliati a metà
- 1 cucchiaio di basilico, tritato
- 3 cucchiai di olio d'oliva
- Scorza di 1 limone, grattugiata
- 3 spicchi d'aglio, tritati
- ¼ tazza di parmigiano magro, grattugiato
- Un pizzico di pepe nero

**Istruzioni:**
1. In una pirofila, unire i pomodori con il basilico e il resto degli ingredienti, tranne il formaggio, e mescolare.
2. Cospargere il parmigiano, infornare a 180°C per 20 minuti, dividere nei piatti e servire come contorno.

**Nutrizione:** calorie 224, grassi 12, fibre 4,3, carboidrati 10,8, proteine 5,1

# funghi al timo

**Tempo di preparazione: 10 minuti**
**Tempo di cottura: 30 minuti**
**Porzioni: 4**

**Ingredienti:**
- 2 libbre di funghi bianchi, tagliati a metà
- 4 spicchi d'aglio, tritati
- 2 cucchiai di olio d'oliva
- 1 cucchiaio di timo, tritato
- 2 cucchiai di prezzemolo, tritato
- pepe nero a piacere

**Istruzioni:**
1. Su una teglia, condisci i funghi con l'aglio e gli altri ingredienti, mescola, metti in forno e cuoci a 400 gradi F per 30 minuti.
2. Dividere nei piatti e servire come guarnizione.

**Nutrizione:** Calorie 251, grassi 9,3, fibre 4, carboidrati 13,2, proteine 6

# Spinaci e mais saltati in padella

**Tempo di preparazione:** 10 minuti
**Tempo di cottura:** 15 minuti
**Porzioni:** 4

**Ingredienti:**
- 1 tazza di mais
- 1 chilo di foglie di spinaci
- 1 cucchiaino di peperone rosso dolce
- 1 cucchiaio di olio d'oliva
- 1 cipolla gialla, tritata
- ½ tazza di basilico, strappato
- Un pizzico di pepe nero
- ½ cucchiaino di fiocchi di peperoncino

**Istruzioni:**
1. Scaldare una padella con l'olio a fuoco medio-alto, aggiungere la cipolla, mescolare e soffriggere per 5 minuti.
2. Aggiungere il mais, gli spinaci e gli altri ingredienti, mescolare, cuocere a fuoco medio per altri 10 minuti, distribuire nei piatti e servire.

**Nutrizione:** calorie 201, grassi 13,1, fibre 2,5, carboidrati 14,4, proteine 3,7

# Mais ed erba cipollina saltati

**Tempo di preparazione:** 10 minuti
**Tempo di cottura:** 15 minuti
**Porzioni:** 4

**Ingredienti:**
- 4 tazze di mais
- 1 cucchiaio di olio di avocado
- 2 scalogni, tritati
- 1 cucchiaino di peperoncino in polvere
- 2 cucchiai di concentrato di pomodoro, senza sale aggiunto
- 3 erba cipollina, tritata
- Un pizzico di pepe nero

**Istruzioni:**
1. Scaldare una padella con l'olio a fuoco medio-alto, aggiungere l'erba cipollina e il peperoncino in polvere, mescolare e far rosolare per 5 minuti.
2. Aggiungere il mais e gli altri ingredienti, mescolare, cuocere per altri 10 minuti, distribuire nei piatti e servire come contorno.

**Nutrizione:** calorie 259, grassi 11,1, fibre 2,6, carboidrati 13,2, proteine 3,5

# Insalata di spinaci e mango

**Tempo di preparazione:** 10 minuti
**Tempo di cottura:** 0 minuti
**Porzioni:** 4

**Ingredienti:**

- 1 tazza di mango, sbucciato e tagliato a cubetti
- 4 tazze di spinaci novelli
- 1 cucchiaio di olio d'oliva
- 2 erba cipollina, tritata
- 1 cucchiaio di succo di limone
- 1 cucchiaio di capperi, scolati, senza sale
- 1/3 tazza di mandorle, tritate

**Istruzioni:**

1. In una ciotola mescolare gli spinaci con il mango e il resto degli ingredienti, mescolare e servire.

**Nutrizione:** Calorie 200, Grassi 7,4, Fibre 3, Carboidrati 4,7, Proteine 4,4

# patate alla senape

**Tempo di preparazione:** 5 minuti
**Tempo di cottura:** 1 ora
**Porzioni:** 4

**Ingredienti:**
- 1 chilo di patate dorate, sbucciate e tagliate a fette
- 2 cucchiai di olio d'oliva
- Un pizzico di pepe nero
- 2 cucchiai di rosmarino, tritato
- 1 cucchiaio di senape di Digione
- 2 spicchi d'aglio, tritati

**Istruzioni:**
1. Su una teglia da forno, condire le patate con l'olio e gli altri ingredienti, mescolarle insieme, metterle in forno a 400 gradi F e cuocere per circa 1 ora.
2. Dividere nei piatti e servire subito come contorno.

**Nutrizione:** calorie 237, grassi 11,5, fibre 6,4, carboidrati 14,2, proteine 9

# Cavoletti di Bruxelles al cocco

**Tempo di preparazione:** 5 minuti
**Tempo di cottura:** 30 minuti
**Porzioni:** 4

**Ingredienti:**
- 1 libbra di cavoletti di Bruxelles, tagliati e tagliati a metà
- 1 tazza di crema al cocco
- 1 cucchiaio di olio d'oliva
- 2 scalogni, tritati
- Un pizzico di pepe nero
- ½ tazza di anacardi, tritati

**Istruzioni:**
1. In una pirofila unire i germogli con la panna e gli altri ingredienti, mescolare e infornare per 30 minuti a 180°C.
2. Dividere nei piatti e servire come guarnizione.

**Nutrizione:** Calorie 270, grassi 6,5, fibre 5,3, carboidrati 15,9, proteine 3,4

# carote salvia

**Tempo di preparazione: 10 minuti**
**Tempo di cottura: 30 minuti**
**Porzioni: 4**

**Ingredienti:**
- 2 cucchiai di olio d'oliva
- 2 cucchiaini di peperoncino rosso dolce
- 1 kg di carote, sbucciate e tagliate a cubetti spessi
- 1 cipolla rossa, tritata
- 1 cucchiaio di salvia, tritata
- Un pizzico di pepe nero

**Istruzioni:**
1. Su una teglia, gettare le carote con l'olio e gli altri ingredienti, mescolare e infornare a 180 gradi F per 30 minuti.
2. Dividere nei piatti e servire.

**Nutrizione:** Calorie 200, grassi 8,7, fibre 2,5, carboidrati 7,9, proteine 4

# Funghi all'aglio e mais

**Tempo di preparazione:** 10 minuti
**Tempo di cottura:** 20 minuti
**Porzioni:** 4

**Ingredienti:**
- 1 libbra di funghi bianchi, tagliati a metà
- 2 tazze di mais
- 2 cucchiai di olio d'oliva
- 4 spicchi d'aglio, tritati
- 1 tazza di pomodori in scatola non salati, tritati
- Un pizzico di pepe nero
- ½ cucchiaino di peperoncino in polvere

**Istruzioni:**
1. Scaldare una padella con olio d'oliva a fuoco medio, aggiungere i funghi, l'aglio e il mais, mescolare e far rosolare per 10 minuti.
2. Aggiungere il resto degli ingredienti, mescolare, cuocere a fuoco medio per altri 10 minuti, distribuire nei piatti e servire.

**Nutrizione:** calorie 285, grassi 13, fibre 2,2, carboidrati 14,6, proteine 6,7.

# fagioli al pesto

**Tempo di preparazione:** 10 minuti
**Tempo di cottura:** 15 minuti
**Porzioni:** 4

**Ingredienti:**
- 2 cucchiai di pesto di basilico
- 2 cucchiaini di peperoncino rosso dolce
- 1 libbra di fagiolini, tagliati e tagliati a metà
- 1 succo di limone
- 2 cucchiai di olio d'oliva
- 1 cipolla rossa, affettata
- Un pizzico di pepe nero

**Istruzioni:**
1. Scaldare una padella con l'olio a fuoco medio-alto, aggiungere la cipolla, mescolare e soffriggere per 5 minuti.
2. Aggiungere i fagioli e il resto degli ingredienti, mescolare, cuocere a fuoco medio per 10 minuti, distribuire nei piatti e servire.

**Nutrizione:** Calorie 280, grassi 10, fibre 7,6, carboidrati 13,9, proteine 4,7

# pomodoro al dragoncello

**Tempo di preparazione: 5 minuti**
**Tempo di cottura: 0 minuti**
**Porzioni: 4**

**Ingredienti:**
- 1 cucchiaio e ½ di olio d'oliva
- 1 libbra di pomodori, affettati
- 1 cucchiaio di succo di limone
- 1 cucchiaio di scorza di lime, grattugiata
- 2 cucchiai di dragoncello, tritato
- Un pizzico di pepe nero

**Istruzioni:**
1. In una ciotola, unire i pomodori con il resto degli ingredienti, mescolare e servire come insalata.

**Nutrizione:** Calorie 170, grassi 4, fibre 2,1, carboidrati 11,8, proteine 6

# Mandorla di barbabietola

**Tempo di preparazione:** 10 minuti
**Tempo di cottura:** 30 minuti
**Porzioni:** 4

**Ingredienti:**
- 4 barbabietole, sbucciate e tagliate a fette
- 3 cucchiai di olio d'oliva
- 2 cucchiai di mandorle tritate
- 2 cucchiai di aceto balsamico
- Un pizzico di pepe nero
- 2 cucchiai di prezzemolo, tritato

**Istruzioni:**
1. Su una teglia, condire le barbabietole con l'olio e gli ingredienti rimanenti, mescolare, mettere in forno e cuocere a 400 gradi F per 30 minuti.
2. Dividere il composto nei piatti e servire.

**Nutrizione:** Calorie 230, grassi 11, fibre 4,2, carboidrati 7,3, proteine 3,6

# Pomodoro, menta e mais

**Tempo di preparazione:** 5 minuti
**Tempo di cottura:** 0 minuti
**Porzioni:** 4

**Ingredienti:**
- 2 cucchiai di menta, tritata
- 1 libbra di pomodori, affettati
- 2 tazze di mais
- 2 cucchiai di olio d'oliva
- 1 cucchiaio di aceto di rosmarino
- Un pizzico di pepe nero

**Istruzioni:**
1. In un'insalata, mescolare i pomodori con il mais e il resto degli ingredienti, mescolare e servire.

Grazie!

**Nutrizione:** Calorie 230, grassi 7,2, fibre 2, carboidrati 11,6, proteine 4

# Salsa di zucchine e avocado

**Tempo di preparazione:** 5 minuti
**Tempo di cottura:** 10 minuti
**Porzioni:** 4

**Ingredienti:**
- 2 cucchiai di olio d'oliva
- 2 zucchine tagliate a cubetti
- 1 avocado, sbucciato, senza torsolo e tagliato a dadini
- 2 pomodori, tagliati a cubetti
- 1 cetriolo, tagliato a dadini
- 1 cipolla gialla, tritata
- 2 cucchiai di succo di limone fresco
- 2 cucchiai di coriandolo, tritato

**Istruzioni:**
1. Scaldare una padella con olio d'oliva a fuoco medio, aggiungere la cipolla e la zucchina, mescolare e cuocere per 5 minuti.
2. Aggiungere il resto degli ingredienti, mescolare, cuocere per altri 5 minuti, distribuire nei piatti e servire.

**Nutrizione:** calorie 290, grassi 11,2, fibre 6,1, carboidrati 14,7, proteine 5,6

# Mix di mele e cavoli

**Tempo di preparazione: 5 minuti**
**Tempo di cottura: 0 minuti**
**Porzioni: 4**

**Ingredienti:**
- 2 mele verdi, snocciolate e tagliate a cubetti
- 1 testa di cavolo rosso, tritato
- 2 cucchiai di aceto balsamico
- ½ cucchiaino di semi di cumino
- 2 cucchiai di olio d'oliva
- pepe nero a piacere

**Istruzioni:**
1. In una ciotola, mescolare il cavolo con le mele e il resto degli ingredienti, mescolare e servire come insalata.

**Nutrizione:** calorie 165, grassi 7,4, fibre 7,3, carboidrati 26, proteine 2,6

# Barbabietole arrostite

**Tempo di preparazione:** 10 minuti
**Tempo di cottura:** 30 minuti
**Porzioni:** 4

**Ingredienti:**
- 4 barbabietole, sbucciate e tagliate a fette
- 2 cucchiai di olio d'oliva
- 2 spicchi d'aglio, tritati
- Un pizzico di pepe nero
- ¼ di tazza di prezzemolo, tritato
- ¼ tazza di noci, tritate

**Istruzioni:**
1. In una teglia, condire le barbabietole con l'olio e gli altri ingredienti, mescolare per ricoprire, mettere in forno a 420 gradi F, cuocere per 30 minuti, dividere tra i piatti e servire come su un piatto

**Nutrizione:** calorie 156, grassi 11,8, fibre 2,7, carboidrati 11,5, proteine 3,8

# cavolo all'aneto

**Tempo di preparazione: 10 minuti**
**Tempo di cottura: 15 minuti**
**Porzioni: 4**

**Ingredienti:**
- 1 chilo di cavolo verde, tritato
- 1 cipolla gialla, tritata
- 1 pomodoro, tagliato a dadini
- 1 cucchiaio di aneto, tritato
- Un pizzico di pepe nero
- 1 cucchiaio di olio d'oliva

**Istruzioni:**
1. Scaldare una padella con olio d'oliva a fuoco medio, aggiungere la cipolla e soffriggere per 5 minuti.
2. Aggiungete la verza e il resto degli ingredienti, mescolate, fate cuocere a fuoco medio per 10 minuti, distribuite nei piatti e servite.

**Nutrizione:** Calorie 74, Grassi 3,7, Fibre 3,7, Carboidrati 10,2, Proteine 2,1

# Insalata di cavoli e carote

**Tempo di preparazione:** 5 minuti
**Tempo di cottura:** 0 minuti
**Porzioni:** 4

**Ingredienti:**
- 2 scalogni, tritati
- 2 carote, grattugiate
- 1 grande testa di cavolo rosso, tritata
- 1 cucchiaio di olio d'oliva
- 1 cucchiaio di aceto rosso
- Un pizzico di pepe nero
- 1 cucchiaio di succo di limone

**Istruzioni:**
1. In una ciotola unire il cavolo cappuccio con l'erba cipollina e il resto degli ingredienti, mescolare e servire come insalata.

**Nutrizione:** calorie 106, grassi 3,8, fibre 6,5, carboidrati 18, proteine 3,3

# Salsa di pomodoro e olive

**Tempo di preparazione:** 10 minuti
**Tempo di cottura:** 0 minuti
**Porzioni:** 6

**Ingredienti:**
- 1 libbra di pomodorini, tagliati a metà
- 2 cucchiai di olio d'oliva
- 1 tazza di olive Kalamata, snocciolate e tagliate a metà
- Un pizzico di pepe nero
- 1 cipolla rossa, tritata
- 1 cucchiaio di aceto balsamico
- ¼ tazza di coriandolo, tritato

**Istruzioni:**
1. In una ciotola unire i pomodori con le olive e il resto degli ingredienti, mescolare e servire come insalata.

**Nutrizione:** Calorie 131, grassi 10,9, fibre 3,1, carboidrati 9,2, proteine 1,6

# Insalata di zucchine

**Tempo di preparazione: 4 minuti**
**Tempo di cottura: 0 minuti**
**Porzioni: 4**

**Ingredienti:**
- 2 zucchine, affettate con uno spiralizzatore
- 1 cipolla rossa, affettata
- 1 cucchiaio di pesto di basilico
- 1 cucchiaio di succo di limone
- 1 cucchiaio di olio d'oliva
- ½ tazza di coriandolo, tritato
- pepe nero a piacere

**Istruzioni:**
1. In un'insalata, unire le zucchine con la cipolla e il resto degli ingredienti, mescolare e servire.

**Nutrizione:** Calorie 58, Grassi 3,8, Fibre 1,8, Carboidrati 6, Proteine 1,6

# Insalata di carote al curry

**Tempo di preparazione: 4 minuti**
**Tempo di cottura: 0 minuti**
**Porzioni: 4**

**Ingredienti:**
- 1 chilo di carote sbucciate e grattugiate grossolanamente
- 2 cucchiai di olio di avocado
- 2 cucchiai di succo di limone
- 3 cucchiai di semi di sesamo
- ½ cucchiaino di curry in polvere
- 1 cucchiaino di rosmarino essiccato
- ½ cucchiaino di cumino, macinato

**Istruzioni:**
1. In una ciotola, mescolare le carote con l'olio, il succo di limone e gli altri ingredienti, mescolare e servire fredda come insalata.

**Nutrizione:** Calorie 99, Grassi 4.4, Fibre 4.2, Carboidrati 13.7, Proteine 2.4

# Insalata di lattuga e barbabietola

**Tempo di preparazione: 5 minuti**
**Tempo di cottura: 0 minuti**
**Porzioni: 4**

**Ingredienti:**
- 1 cucchiaio di zenzero, grattugiato
- 2 spicchi d'aglio, tritati
- 4 tazze di lattuga romana, strappata
- 1 barbabietola rossa, sbucciata e grattugiata
- 2 cipolle verdi, tritate
- 1 cucchiaio di aceto balsamico
- 1 cucchiaio di semi di sesamo

**Istruzioni:**
1. In una ciotola, mescolare la lattuga con lo zenzero, l'aglio e gli altri ingredienti, mescolare e servire come contorno.

**Nutrizione:** Calorie 42, grassi 1,4, fibre 1,5, carboidrati 6,7, proteine 1,4

# Ravanelli alle erbe

**Tempo di preparazione: 5 minuti**
**Tempo di cottura: 0 minuti**
**Porzioni: 4**

**Ingredienti:**
- 1 libbra di ravanelli rossi, tagliati a dadini grossolani
- 1 cucchiaio di erba cipollina, tritata
- 1 cucchiaio di prezzemolo, tritato
- 1 cucchiaio di origano tritato
- 2 cucchiai di olio d'oliva
- 1 cucchiaio di succo di limone
- pepe nero a piacere

**Istruzioni:**
1. In un'insalata, unire i ravanelli con l'erba cipollina e il resto degli ingredienti, mescolare e servire.

**Nutrizione:** Calorie 85, Grassi 7,3, Fibre 2,4, Carboidrati 5,6, Proteine 1

# Mix di finocchi arrostiti

**Tempo di preparazione: 5 minuti**
**Tempo di cottura: 20 minuti**
**Porzioni: 4**

**Ingredienti:**
- 2 bulbi di finocchio, affettati
- 1 cucchiaino di peperone rosso dolce
- 1 cipolla rossa piccola, affettata
- 2 cucchiai di olio d'oliva
- 2 cucchiai di succo di limone
- 2 cucchiai di aneto, tritato
- pepe nero a piacere

**Istruzioni:**
1. Su una teglia, condire i finocchi con la paprika e il resto degli ingredienti, mescolare e infornare a 180 gradi per 20 minuti.
2. Dividere il composto nei piatti e servire.

**Nutrizione:** calorie 114, grassi 7,4, fibre 4,5, carboidrati 13,2, proteine 2,1

# peperoni arrostiti

**Tempo di preparazione:** 10 minuti
**Tempo di cottura:** 30 minuti
**Porzioni:** 4

**Ingredienti:**
- 1 libbra di peperone misto, affettato
- 1 cipolla rossa, affettata sottilmente
- 2 cucchiai di olio d'oliva
- pepe nero a piacere
- 1 cucchiaio di origano tritato
- 2 cucchiai di foglie di menta, tritate

**Istruzioni:**
1. In una pirofila, condire i peperoni con la cipolla e gli altri ingredienti, mescolare e infornare a 180 gradi per 30 minuti.
2. Dividere il composto nei piatti e servire.

**Nutrizione:** calorie 240, grassi 8,2, fibre 4,2, carboidrati 11,3, proteine 5,6

# Datteri e cavoli saltati

**Tempo di preparazione:** 5 minuti
**Tempo di cottura:** 15 minuti
**Porzioni:** 4

**Ingredienti:**
- 1 libbra di cavolo rosso, tritato
- 8 datteri, snocciolati e affettati
- 2 cucchiai di olio d'oliva
- ¼ di tazza di brodo vegetale a basso contenuto di sodio
- 2 cucchiai di erba cipollina, tritata
- 2 cucchiai di succo di limone
- pepe nero a piacere

**Istruzioni:**
1. Scaldare una padella con l'olio a fuoco medio, aggiungere la verza e i datteri, mescolare e cuocere per 4 minuti.
2. Aggiungere il brodo e gli altri ingredienti, mescolare, cuocere a fuoco medio per altri 11 minuti, distribuire nei piatti e servire.

**Nutrizione:** Calorie 280, Grassi 8.1, Fibre 4.1, Carboidrati 8.7, Proteine 6.3

# Miscela di fagioli neri

**Tempo di preparazione: 4 minuti**
**Tempo di cottura: 0 minuti**
**Porzioni: 4**

**Ingredienti:**
- 3 tazze di fagioli neri in scatola, non salati, scolati e sciacquati
- 1 tazza di pomodorini, tagliati a metà
- 2 scalogni, tritati
- 3 cucchiai di olio d'oliva
- 1 cucchiaio di aceto balsamico
- pepe nero a piacere
- 1 cucchiaio di erba cipollina, tritata

**Istruzioni:**
1. In una ciotola unire i fagioli con i pomodorini e il resto degli ingredienti, mescolare e servire freddo come guarnizione.

**Nutrizione:** Calorie 310, Grassi 11,0, Fibre 5,3, Carboidrati 19,6, Proteine 6,8

# Miscela di olive e indivia

**Tempo di preparazione: 4 minuti**
**Tempo di cottura: 0 minuti**
**Porzioni: 4**

**Ingredienti:**
- 2 erba cipollina, tritata
- 2 indivie, grattugiate
- 1 tazza di olive nere tritate e affettate
- ½ tazza di olive Kalamata, snocciolate e affettate
- ¼ di tazza di aceto di mele
- 2 cucchiai di olio d'oliva
- 1 cucchiaio di coriandolo, tritato

**Istruzioni:**
1. In una ciotola mescolare l'indivia con le olive e il resto degli ingredienti, mescolare e servire.

**Nutrizione:** calorie 230, grassi 9,1, fibre 6,3, carboidrati 14,6, proteine 7,2

# Insalata di pomodori e cetriolo

**Tempo di preparazione: 5 minuti**
**Tempo di cottura: 0 minuti**
**Porzioni: 4**

**Ingredienti:**
- Mezzo chilo di pomodori, tagliati a dadini
- 2 cetrioli, tagliati a fette
- 1 cucchiaio di olio d'oliva
- 2 erba cipollina, tritata
- pepe nero a piacere
- 1 succo di lime
- ½ tazza di basilico, tritato

**Istruzioni:**
1. In un'insalata, unire i pomodori con il cetriolo e il resto degli ingredienti, mescolare e servire freddo.

**Nutrizione:** Calorie 224, grassi 11,2, fibre 5,1, carboidrati 8,9, proteine 6,2

# Insalata di peperoni e carote

**Tempo di preparazione: 5 minuti**
**Tempo di cottura: 0 minuti**
**Porzioni: 4**

**Ingredienti:**
- 1 tazza di pomodorini, tagliati a metà
- 1 peperone giallo, tritato
- 1 peperone rosso, tritato
- 1 peperone verde, tritato
- ½ kg di carota grattugiata
- 3 cucchiai di aceto di vino rosso
- 2 cucchiai di olio d'oliva
- 1 cucchiaio di coriandolo, tritato
- pepe nero a piacere

**Istruzioni:**
1. In un'insalatiera, unisci i pomodori con i peperoni, le carote e gli altri ingredienti, mescola e servi come condimento per l'insalata.

**Nutrizione:** Calorie 123, Grassi 4, Fibre 8,4, Carboidrati 14,4, Proteine 1,1

# Miscela di fagioli neri e riso

**Tempo di preparazione: 10 minuti**
**Tempo di cottura: 30 minuti**
**Porzioni: 4**

**Ingredienti:**
- 2 cucchiai di olio d'oliva
- 1 cipolla gialla, tritata
- 1 tazza di fagioli neri in scatola, non salati, scolati e sciacquati
- 2 tazze di riso nero
- 4 tazze di brodo di pollo a basso contenuto di sodio
- 2 cucchiai di timo, tritato
- Scorza di ½ limone grattugiata
- Un pizzico di pepe nero

**Istruzioni:**
1. Scaldare una padella con l'olio a fuoco medio-alto, aggiungere la cipolla, mescolare e soffriggere per 4 minuti.
2. Aggiungere i fagioli, il riso e gli altri ingredienti, mescolare, portare ad ebollizione e cuocere a fuoco medio per 25 minuti.
3. Mescolare il composto, dividerlo nei piatti e servire.

**Nutrizione:** Calorie 290, grassi 15,3, fibre 6,2, carboidrati 14,6, proteine 8

# Miscela di riso e cavolfiore

**Tempo di preparazione: 10 minuti**
**Tempo di cottura: 25 minuti**
**Porzioni: 4**

**Ingredienti:**
- 1 tazza di cimette di cavolfiore
- 1 tazza di riso bianco
- 2 tazze di brodo di pollo a basso contenuto di sodio
- 1 cucchiaio di olio di avocado
- 2 scalogni, tritati
- ¼ tazza di mirtilli
- ½ tazza di mandorle, affettate

**Istruzioni:**
1. Scaldare una padella con l'olio a fuoco medio, aggiungere lo scalogno, mescolare e far rosolare per 5 minuti.
2. Aggiungere il cavolfiore, il riso e gli altri ingredienti, mescolare, portare ad ebollizione e cuocere a fuoco medio per 20 minuti.
3. Dividere il composto nei piatti e servire.

**Nutrizione:** Calorie 290, grassi 15,1, fibre 5,6, carboidrati 7, proteine 4,5

# Miscela di fagioli balsamici

**Tempo di preparazione: 10 minuti**
**Tempo di cottura: 0 minuti**
**Porzioni: 4**

**Ingredienti:**
- 2 tazze di fagioli neri in scatola, non salati, scolati e sciacquati
- 2 tazze di fagioli bianchi in scatola, non salati, scolati e sciacquati
- 2 cucchiai di aceto balsamico
- 2 cucchiai di olio d'oliva
- 1 cucchiaino di origano, secco
- 1 cucchiaino di basilico, secco
- 1 cucchiaio di erba cipollina, tritata

**Istruzioni:**
1. In un'insalatiera, mescolare i fagioli con l'aceto e gli altri ingredienti, mescolare e servire come insalata.

**Nutrizione:** Calorie 322, Grassi 15,1, Fibre 10, Carboidrati 22,0, Proteine 7

# barbabietola cremosa

**Tempo di preparazione:** 5 minuti
**Tempo di cottura:** 20 minuti
**Porzioni:** 4

**Ingredienti:**
- Barbabietole da 1 libbra, sbucciate e tagliate a dadini
- 1 cipolla rossa, tritata
- 1 cucchiaio di olio d'oliva
- ½ tazza di crema di cocco
- 4 cucchiai di yogurt magro
- 1 cucchiaio di erba cipollina, tritata

**Istruzioni:**
1. Scaldare una padella con olio d'oliva a fuoco medio, aggiungere la cipolla, mescolare e soffriggere per 4 minuti.
2. Aggiungere la barbabietola, la panna e il resto degli ingredienti, mescolare, cuocere a fuoco medio per altri 15 minuti, distribuire nei piatti e servire.

**Nutrizione:** Calorie 250, grassi 13,4, fibre 3, carboidrati 13,3, proteine 6,4

# Mix di avocado e pepe

**Tempo di preparazione: 10 minuti**
**Tempo di cottura: 14 minuti**
**Porzioni: 4**

**Ingredienti:**
- 1 cucchiaio di olio di avocado
- 1 cucchiaino di peperone rosso dolce
- 1 libbra di peperoni misti, tagliati a listarelle
- 1 avocado sbucciato, snocciolato e tagliato a metà
- 1 cucchiaino di aglio in polvere
- 1 cucchiaino di rosmarino essiccato
- ½ tazza di brodo vegetale a basso contenuto di sodio
- pepe nero a piacere

**Istruzioni:**
1. Scaldare una padella con l'olio a fuoco medio-alto, aggiungere tutti i peperoni, mescolare e far rosolare per 5 minuti.
2. Aggiungete il resto degli ingredienti, mescolate, lasciate cuocere per altri 9 minuti a fuoco medio, distribuite nei piatti e servite.

**Nutrizione:** calorie 245, grassi 13,8, fibre 5, carboidrati 22,5, proteine 5,4

# Patate dolci e barbabietole arrosto

**Tempo di preparazione:** 10 minuti
**Tempo di cottura:** 1 ora
**Porzioni:** 4

**Ingredienti:**
- 3 cucchiai di olio d'oliva
- 2 patate dolci, sbucciate e affettate
- 2 barbabietole, sbucciate e affettate
- 1 cucchiaio di origano tritato
- 1 cucchiaio di succo di limone
- pepe nero a piacere

**Istruzioni:**
1. Disporre le patate dolci e le barbabietole su una teglia foderata, aggiungere gli ingredienti rimanenti, mescolare, infornare e cuocere a 180°C per 1 ora /
2. Dividere nei piatti e servire come guarnizione.

**Nutrizione:** Calorie 240, grassi 11,2, fibre 4, carboidrati 8,6, proteine 12,1

# Cavolo brasato

**Tempo di preparazione: 10 minuti**
**Tempo di cottura: 15 minuti**
**Porzioni: 4**

**Ingredienti:**
- 2 cucchiai di olio d'oliva
- 3 cucchiai di aminoacidi del cocco
- 1 libbra di cavolo riccio, tritato
- 1 cipolla rossa, tritata
- 2 spicchi d'aglio, tritati
- 1 cucchiaio di succo di limone
- 1 cucchiaio di coriandolo, tritato

**Istruzioni:**
1. Scaldare una padella con olio d'oliva a fuoco medio, aggiungere la cipolla e l'aglio e soffriggere per 5 minuti.
2. Aggiungere il cavolo riccio e gli altri ingredienti, mescolare, cuocere a fuoco medio per 10 minuti, distribuire nei piatti e servire.

**Nutrizione:** Calorie 200, grassi 7,1, fibre 2, carboidrati 6,4, proteine 6

# carote condite

**Tempo di preparazione: 10 minuti**
**Tempo di cottura: 20 minuti**
**Porzioni: 4**

**Ingredienti:**
- 1 cucchiaio di succo di limone
- 1 cucchiaio di olio d'oliva
- ½ cucchiaino di pimento, macinato
- ½ cucchiaino di cumino, macinato
- ½ cucchiaino di noce moscata, macinata
- 1 libbra di carotine, tagliate
- 1 cucchiaio di rosmarino, tritato
- pepe nero a piacere

**Istruzioni:**
1. Su una teglia, condire le carote con il succo di limone, l'olio e gli altri ingredienti, mescolare, infornare e cuocere a 400 gradi F per 20 minuti.
2. Dividere nei piatti e servire.

**Nutrizione:** Calorie 260, grassi 11,2, fibre 4,5, carboidrati 8,3, proteine 4,3

# carciofi al limone

**Tempo di preparazione: 10 minuti**
**Tempo di cottura: 20 minuti**
**Porzioni: 4**

**Ingredienti:**
- 2 cucchiai di succo di limone
- 4 carciofi mondati e tagliati a metà
- 1 cucchiaio di aneto, tritato
- 2 cucchiai di olio d'oliva
- Un pizzico di pepe nero

**Istruzioni:**
1. In una pirofila, condire i carciofi con il succo di limone e gli altri ingredienti, mescolare delicatamente e infornare a 400 gradi F per 20 minuti. Dividere nei piatti e servire.

**Nutrizione:** Calorie 140, grassi 7,3, fibre 8,9, carboidrati 17,7, proteine 5,5

# Broccoli, fagioli e riso

**Tempo di preparazione:** 10 minuti
**Tempo di cottura:** 30 minuti
**Porzioni:** 4

**Ingredienti:**
- 1 tazza di cimette di broccoli, tritate
- 1 tazza di fagioli neri in scatola, non salati, scolati
- 1 tazza di riso bianco
- 2 tazze di brodo di pollo a basso contenuto di sodio
- 2 cucchiaini di peperoncino rosso dolce
- pepe nero a piacere

**Istruzioni:**
1. Mettere il brodo in una padella, scaldare a fuoco medio, aggiungere il riso e il resto degli ingredienti, mescolare, portare ad ebollizione e cuocere per 30 minuti mescolando di tanto in tanto.
2. Dividete il composto nei piatti e servite come guarnizione.

**Nutrizione:** Calorie 347, grassi 1,2, fibre 9, carboidrati 69,3, proteine 15,1

# Mix di zucca arrosto

**Tempo di preparazione: 10 minuti**
**Tempo di cottura: 45 minuti**
**Porzioni: 4**

**Ingredienti:**
- 2 cucchiai di olio d'oliva
- 2 libbre di zucchine, sbucciate e affettate
- 1 cucchiaio di succo di limone
- 1 cucchiaino di peperoncino in polvere
- 1 cucchiaino di aglio in polvere
- 2 cucchiaini di coriandolo, tritato
- Un pizzico di pepe nero

**Istruzioni**
1. In una pirofila unire la zucca con l'olio e gli altri ingredienti, mantecare delicatamente, cuocere in forno a 200 gradi per 45 minuti, dividere nei piatti e servire come guarnitura

**Nutrizione:** calorie 167, grassi 7,4, fibre 4,9, carboidrati 27,5, proteine 2,5

# asparagi cremosi

**Tempo di preparazione: 5 minuti**
**Tempo di cottura: 20 minuti**
**Porzioni: 4**

**Ingredienti:**
- ½ cucchiaino di noce moscata, macinata
- 1 libbra di asparagi, tagliati e tagliati a metà
- 1 tazza di crema al cocco
- 1 cipolla gialla, tritata
- 2 cucchiai di olio d'oliva
- 1 cucchiaio di succo di limone
- 1 cucchiaio di coriandolo, tritato

**Istruzioni:**
1. Scaldare una padella con olio d'oliva a fuoco medio, aggiungere la cipolla e la noce moscata, mescolare e soffriggere per 5 minuti.
2. Aggiungere gli asparagi e gli altri ingredienti, mescolare, portare a ebollizione e cuocere a fuoco medio per 15 minuti.
3. Dividere nei piatti e servire.

**Nutrizione:** calorie 236, grassi 21,6, fibre 4,4, carboidrati 11,4, proteine 4,2

# Mix di rape e basilico

**Tempo di preparazione: 10 minuti**
**Tempo di cottura: 15 minuti**
**Porzioni: 4**

**Ingredienti:**
- 1 cucchiaio di olio di avocado
- 4 rape, tagliate a fette
- ¼ tazza di basilico, tritato
- pepe nero a piacere
- ¼ di tazza di brodo vegetale a basso contenuto di sodio
- ½ tazza di noci, tritate
- 2 spicchi d'aglio, tritati

**Istruzioni:**
1. Scaldare una padella con l'olio d'oliva a fuoco medio-alto, aggiungere l'aglio e le rape e far rosolare per 5 minuti.
2. Aggiungete il resto degli ingredienti, mescolate, lasciate cuocere per altri 10 minuti, distribuite nei piatti e servite.

**Nutrizione:** Calorie 140, grassi 9,7, fibre 3,3, carboidrati 10,5, proteine 5

# Miscela di riso e capperi

**Tempo di preparazione: 10 minuti**
**Tempo di cottura: 20 minuti**
**Porzioni: 4**

**Ingredienti:**
- 1 tazza di riso bianco
- 1 cucchiaio di capperi, tritati
- 2 tazze di brodo di pollo a basso contenuto di sodio
- 1 cipolla rossa, tritata
- 1 cucchiaio di olio di avocado
- 1 cucchiaio di coriandolo, tritato
- 1 cucchiaino di peperone rosso dolce

**Istruzioni:**
1. Scaldare una padella con l'olio a fuoco medio-alto, aggiungere la cipolla, mescolare e soffriggere per 5 minuti.
2. Aggiungete il riso, i capperi e gli altri ingredienti, mescolate, portate a bollore e fate cuocere per 15 minuti.
3. Dividete il composto nei piatti e servite come guarnizione.

**Nutrizione:** Calorie 189, grassi 0,9, fibre 1,6, carboidrati 40,2, proteine 4,3

# Mix di spinaci e cavoli

**Tempo di preparazione:** 5 minuti
**Tempo di cottura:** 15 minuti
**Porzioni:** 4

**Ingredienti:**
- 2 tazze di spinaci novelli
- 5 tazze di cavolo cappuccio, tritato
- 2 scalogni, tritati
- 2 spicchi d'aglio, tritati
- 1 tazza di pomodori in scatola non salati, tritati
- 1 cucchiaio di olio d'oliva

**Istruzioni:**
1. Scaldare una padella con l'olio a fuoco medio-alto, aggiungere lo scalogno, mescolare e soffriggere per 5 minuti.
2. Aggiungere gli spinaci, il cavolo riccio e il resto degli ingredienti, mescolare, cuocere per altri 10 minuti, distribuire nei piatti e servire come contorno.

**Nutrizione:** calorie 89, grassi 3,7, fibre 2,2, carboidrati 12,4, proteine 3,6

# Mix di gamberi e ananas

**Tempo di preparazione: 10 minuti**
**Tempo di cottura: 10 minuti**
**Porzioni: 4**

**Ingredienti:**
- 1 cucchiaio di olio d'oliva
- 1 libbra di gamberi, sbucciati e puliti
- 1 tazza di ananas, sbucciato e tagliato a cubetti
- 1 succo di limone
- Una manciata di prezzemolo tritato

**Istruzioni:**
1. Scaldare una padella con l'olio a fuoco medio, aggiungere i gamberi e cuocerli per 3 minuti per lato.
2. Aggiungete il resto degli ingredienti, fate cuocere per altri 4 minuti, dividete nelle ciotole e servite.

**Nutrizione:** calorie 254, grassi 13,3, fibre 6, carboidrati 14,9, proteine 11

# Salmone e olive verdi

**Tempo di preparazione: 10 minuti**
**Tempo di cottura: 20 minuti**
**Porzioni: 4**

**Ingredienti:**
- 1 cipolla gialla, tritata
- 1 tazza di olive verdi, snocciolate e tagliate a metà
- 1 cucchiaino di peperoncino in polvere
- pepe nero a piacere
- 2 cucchiai di olio d'oliva
- ¼ di tazza di brodo vegetale a basso contenuto di sodio
- 4 filetti di salmone senza pelle e disossati
- 2 cucchiai di erba cipollina, tritata

**Istruzioni:**
1. Scaldare una padella con l'olio a fuoco medio-alto, aggiungere la cipolla e farla soffriggere per 3 minuti.
2. Aggiungere il salmone e cuocere per 5 minuti su ciascun lato. Aggiungete il resto degli ingredienti, lasciate cuocere il composto per altri 5 minuti, distribuite nei piatti e servite.

**Nutrizione:** Calorie 221, Grassi 12,1, Fibre 5,4, Carboidrati 8,5, Proteine 11,2

# salmone e finocchio

**Tempo di preparazione: 5 minuti**
**Tempo di cottura: 15 minuti**
**Porzioni: 4**

**Ingredienti:**
- 4 filetti di salmone medi, senza pelle e disossati
- 1 bulbo di finocchio, tritato
- ½ tazza di brodo vegetale a basso contenuto di sodio
- 2 cucchiai di olio d'oliva
- pepe nero a piacere
- ¼ di tazza di brodo vegetale a basso contenuto di sodio
- 1 cucchiaio di succo di limone
- 1 cucchiaio di coriandolo, tritato

**Istruzioni:**
1. Scaldare una padella con l'olio a fuoco medio, aggiungere i finocchi e cuocere per 3 minuti.
2. Aggiungere il pesce e rosolarlo per 4 minuti su ciascun lato.
3. Aggiungere il resto degli ingredienti, cuocere per altri 4 minuti, distribuire nei piatti e servire.

**Nutrizione:** Calorie 252, grassi 9,3, fibre 4,2, carboidrati 12,3, proteine 9

# merluzzo e asparagi

**Tempo di preparazione:** 10 minuti
**Tempo di cottura:** 14 minuti
**Porzioni:** 4

**Ingredienti:**
- 1 cucchiaio di olio d'oliva
- 1 cipolla rossa, tritata
- 1 libbra di merluzzo disossato
- 1 mazzetto di asparagi, tagliati
- pepe nero a piacere
- 1 tazza di crema al cocco
- 1 cucchiaio di erba cipollina, tritata

**Istruzioni:**
1. Scaldare una padella con olio d'oliva a fuoco medio, aggiungere la cipolla e il baccalà e cuocere per 3 minuti per lato.
2. Aggiungete il resto degli ingredienti, lasciate cuocere il tutto per altri 8 minuti, distribuite nei piatti e servite.

**Nutrizione:** calorie 254, grassi 12,1, fibre 5,4, carboidrati 4,2, proteine 13,5

# Gamberetti Conditi

**Tempo di preparazione: 5 minuti**
**Tempo di cottura: 8 minuti**
**Porzioni: 4**

**Ingredienti:**
- 1 cucchiaino di aglio in polvere
- 1 cucchiaino di peperoncino affumicato
- 1 cucchiaino di cumino, macinato
- 1 cucchiaino di pimento, macinato
- 2 cucchiai di olio d'oliva
- 2 libbre di gamberetti, sbucciati e puliti
- 1 cucchiaio di erba cipollina, tritata

**Istruzioni:**
1. Scaldare una padella con l'olio a fuoco medio, aggiungere i gamberi, l'aglio in polvere e il resto degli ingredienti, cuocere per 4 minuti per lato, dividere nelle ciotole e servire.

**Nutrizione:** Calorie 212, grassi 9,6, fibre 5,3, carboidrati 12,7, proteine 15,4

# spigola e pomodoro

**Tempo di preparazione: 10 minuti**
**Tempo di cottura: 30 minuti**
**Porzioni: 4**

**Ingredienti:**
- 2 cucchiai di olio d'oliva
- 2 libbre di filetti di branzino, senza pelle e disossati
- pepe nero a piacere
- 2 tazze di pomodorini, tagliati a metà
- 1 cucchiaio di erba cipollina, tritata
- 1 cucchiaio di scorza di limone, grattugiata
- ¼ tazza di succo di limone

**Istruzioni:**
1. Unire un arrosto con olio d'oliva e disporre all'interno il pesce.
2. Aggiungere i pomodori e gli altri ingredienti, mettere la teglia nel forno e cuocere a 180°C per 30 minuti.
3. Dividete il tutto nei piatti e servite.

**Nutrizione:** Calorie 272, grassi 6,9, fibre 6,2, carboidrati 18,4, proteine 9

# gamberi e fagioli

**Tempo di preparazione:** 10 minuti
**Tempo di cottura:** 12 minuti
**Porzioni:** 4

**Ingredienti:**
- 1 libbra di gamberi, puliti e sbucciati
- 1 cucchiaio di olio d'oliva
- 1 succo di lime
- 1 tazza di fagioli neri in scatola, non salati, scolati
- 1 scalogno, tritato
- 1 cucchiaio di origano tritato
- 2 spicchi d'aglio, tritati
- pepe nero a piacere

**Istruzioni:**
1. Scaldare una padella con l'olio d'oliva a fuoco medio-alto, aggiungere lo scalogno e l'aglio, mescolare e cuocere per 3 minuti.
2. Aggiungete i gamberi e cuoceteli per 2 minuti per lato.
3. Aggiungete i fagioli e gli altri ingredienti, lasciate cuocere il tutto a fuoco medio per altri 5 minuti, suddividete nelle ciotole e servite.

**Nutrizione:** calorie 253, grassi 11,6, fibre 6, carboidrati 14,5, proteine 13,5

# Miscela di gamberetti e basilico

**Tempo di preparazione: 5 minuti**
**Tempo di cottura: 8 minuti**
**Porzioni: 4**

**Ingredienti:**
- 1 libbra di gamberi, sbucciati e puliti
- 2 scalogni, tritati
- 1 cucchiaio di olio d'oliva
- 1 cucchiaio di erba cipollina, tritata
- 2 cucchiaini di ravanello preparato
- ¼ di tazza di crema di cocco
- pepe nero a piacere

**Istruzioni:**
4 Scaldare una padella con l'olio a fuoco medio, aggiungere lo scalogno e il rafano, mescolare e soffriggere per 2 minuti.
5 Aggiungere i gamberi e gli altri ingredienti, mescolare, cuocere per altri 6 minuti, distribuire nei piatti e servire.

**Nutrizione:** calorie 233, grassi 6, fibre 5, carboidrati 11,9, proteine 5,4

# Insalata di gamberi e dragoncello

**Tempo di preparazione:** 4 minuti
**Tempo di cottura:** 0 minuti
**Porzioni:** 4

**Ingredienti:**
- 1 libbra di gamberetti, cotti, sbucciati e puliti
- 1 cucchiaio di dragoncello, tritato
- 1 cucchiaio di capperi, scolati
- 2 cucchiai di olio d'oliva
- pepe nero a piacere
- 2 tazze di spinaci novelli
- 1 cucchiaio di aceto balsamico
- 1 cipolla rossa piccola, affettata
- 2 cucchiai di succo di limone

**Istruzioni:**
4 In una ciotola, mescolare i gamberi con il dragoncello e il resto degli ingredienti, mescolare e servire.

**Nutrizione:** calorie 258, grassi 12,4, fibre 6, carboidrati 6,7, proteine 13,3

# Misto di merluzzo con parmigiano

**Tempo di preparazione: 10 minuti**
**Tempo di cottura: 20 minuti**
**Porzioni: 4**

**Ingredienti:**
- 4 lombi di merluzzo disossati
- ½ tazza di parmigiano magro, grattugiato
- 3 spicchi d'aglio, tritati
- 1 cucchiaio di olio d'oliva
- 1 cucchiaio di succo di limone
- ½ tazza di cipolla verde, tritata

**Istruzioni:**
1. Scaldare una padella con olio d'oliva a fuoco medio, aggiungere l'aglio e l'erba cipollina, mescolare e soffriggere per 5 minuti.
2. Aggiungere il pesce e cuocere per 4 minuti per lato.
3. Aggiungete il succo di limone, spolverizzate con il parmigiano, fate cuocere per altri 2 minuti, distribuite nei piatti e servite.

**Nutrizione:** calorie 275, grassi 22,1, fibre 5, carboidrati 18,2, proteine 12

# Miscela di tilapia e cipolla rossa

**Tempo di preparazione: 10 minuti**
**Tempo di cottura: 15 minuti**
**Porzioni: 4**

**Ingredienti:**
- 4 filetti di tilapia disossati
- 2 cucchiai di olio d'oliva
- 1 cucchiaio di succo di limone
- 2 cucchiaini di scorza di limone, grattugiata
- 2 cipolle rosse, tritate grossolanamente
- 3 cucchiai di erba cipollina, tritata

**Istruzioni:**
1. Scaldare una padella con olio a fuoco medio, aggiungere la cipolla, la scorza e il succo di limone, mescolare e soffriggere per 5 minuti.
2. Aggiungere il pesce e l'erba cipollina, cuocere per 5 minuti per lato, distribuire nei piatti e servire.

**Nutrizione:** calorie 254, grassi 18,2, fibre 5,4, carboidrati 11,7, proteine 4,5

# insalata di tortilla

**Tempo di preparazione: 6 minuti**
**Tempo di cottura: 0 minuti**
**Porzioni: 4**

**Ingredienti:**
- 4 once di trota affumicata, senza pelle, disossata, tagliata a dadini
- 1 cucchiaio di succo di limone
- 1/3 di tazza di yogurt magro
- 2 avocado, sbucciati, snocciolati e tagliati a dadini
- 3 cucchiai di erba cipollina, tritata
- pepe nero a piacere
- 1 cucchiaio di olio d'oliva

**Istruzioni:**
1. In una ciotola, mescolare la tortilla con gli avocado e il resto degli ingredienti, mescolare e servire.

**Nutrizione:** Calorie 244, grassi 9,45, fibre 5,6, carboidrati 8,5, proteine 15

# Frittata al balsamico

**Tempo di preparazione:** 5 minuti
**Tempo di cottura:** 15 minuti
**Porzioni:** 4

**Ingredienti:**
- 3 cucchiai di aceto balsamico
- 2 cucchiai di olio d'oliva
- 4 filetti di trota disossati
- 3 cucchiai di prezzemolo, tritato finemente
- 2 spicchi d'aglio, tritati

**Istruzioni:**
1. Scaldate una padella con l'olio a fuoco medio, aggiungete la tortilla e fatela cuocere per 6 minuti per lato.
2. Aggiungere il resto degli ingredienti, cuocere per altri 3 minuti, distribuire nei piatti e servire con un'insalata.

**Nutrizione:** Calorie 314, grassi 14,3, fibre 8,2, carboidrati 14,8, proteine 11,2

# Salsa di salmone

**Tempo di preparazione: 5 minuti**
**Tempo di cottura: 12 minuti**
**Porzioni: 4**

**Ingredienti:**
- 2 erba cipollina, tritata
- 2 cucchiaini di succo di limone
- 1 cucchiaio di erba cipollina, tritata
- 1 cucchiaio di olio d'oliva
- 4 filetti di salmone disossati
- pepe nero a piacere
- 2 cucchiai di prezzemolo, tritato

**Istruzioni:**
1. Scaldare una padella con olio d'oliva a fuoco medio, aggiungere l'erba cipollina, mescolare e soffriggere per 2 minuti.
2. Aggiungete il salmone e il resto degli ingredienti, cuocete per 5 minuti per lato, distribuite nei piatti e servite.

**Nutrizione:** calorie 290, grassi 14,4, fibre 5,6, carboidrati 15,6, proteine 9,5

# Tortilla e insalata di verdure

**Tempo di preparazione:** 5 minuti
**Tempo di cottura:** 0 minuti
**Porzioni:** 4

**Ingredienti:**
- 2 cucchiai di olio d'oliva
- ½ tazza di olive Kalamata, snocciolate e tritate
- pepe nero a piacere
- 1 libbra di trota affumicata, disossata, sbucciata e tagliata a dadini
- ½ cucchiaino di scorza di limone, grattugiata
- 1 cucchiaio di succo di limone
- 1 tazza di pomodorini, tagliati a metà
- ½ cipolla rossa, affettata
- 2 tazze di rucola novella

**Istruzioni:**
1. In una ciotola mescolare la trota affumicata con le olive, il pepe nero e il resto degli ingredienti, mescolare e servire.

**Nutrizione:** Calorie 282, Grassi 13,4, Fibre 5,3, Carboidrati 11,6, Proteine 5,6

# salmone allo zafferano

**Tempo di preparazione:** 10 minuti
**Tempo di cottura:** 12 minuti
**Porzioni:** 4

**Ingredienti:**
- pepe nero a piacere
- ½ cucchiaino di peperone rosso dolce
- 4 filetti di salmone disossati
- 3 cucchiai di olio d'oliva
- 1 cipolla gialla, tritata
- 2 spicchi d'aglio, tritati
- ¼ cucchiaino di curcuma in polvere

**Istruzioni:**
1. Scaldare una padella con l'olio d'oliva a fuoco medio-alto, aggiungere la cipolla e l'aglio, mescolare e soffriggere per 2 minuti.
2. Aggiungete il salmone e il resto degli ingredienti, cuocete per 5 minuti per lato, distribuite nei piatti e servite.

**Nutrizione:** Calorie 339, grassi 21,6, fibre 0,7, carboidrati 3,2, proteine 35

# Insalata di gamberetti e anguria

**Tempo di preparazione: 10 minuti**
**Tempo di cottura: 0 minuti**
**Porzioni: 4**

**Ingredienti:**
- ¼ tazza di basilico, tritato
- 2 tazze di anguria, sbucciata e tagliata a cubetti
- 2 cucchiai di aceto balsamico
- 2 cucchiai di olio d'oliva
- 1 libbra di gamberetti, sbucciati, puliti e cotti
- pepe nero a piacere
- 1 cucchiaio di prezzemolo, tritato

**Istruzioni:**
1. In una ciotola unire i gamberi con l'anguria e il resto degli ingredienti, mescolare e servire.

**Nutrizione:** calorie 220, grassi 9, fibre 0,4, carboidrati 7,6, proteine 26,4

# Insalata di gamberetti con origano e quinoa

**Tempo di preparazione: 5 minuti**
**Tempo di cottura: 8 minuti**
**Porzioni: 4**

**Ingredienti:**
- 1 libbra di gamberi, sbucciati e puliti
- 1 tazza di quinoa, cotta
- pepe nero a piacere
- 1 cucchiaio di olio d'oliva
- 1 cucchiaio di origano tritato
- 1 cipolla rossa, tritata
- 1 succo di limone

**Istruzioni:**
1. Scaldare una padella con l'olio a fuoco medio-alto, aggiungere la cipolla, mescolare e soffriggere per 2 minuti.
2. Aggiungere i gamberi, mescolare e cuocere per 5 minuti.
3. Aggiungete il resto degli ingredienti, mescolate, dividete il tutto nelle ciotole e servite.

**Nutrizione:** Calorie 336, grassi 8,2, fibre 4,1, carboidrati 32,3, proteine 32,3

# insalata di granchio

**Tempo di preparazione: 10 minuti**
**Tempo di cottura: 0 minuti**
**Porzioni: 4**

**Ingredienti:**
- 1 cucchiaio di olio d'oliva
- 2 tazze di polpa di granchio
- pepe nero a piacere
- 1 tazza di pomodorini, tagliati a metà
- 1 scalogno, tritato
- 1 cucchiaio di succo di limone
- 1/3 di tazza di coriandolo, tritato

**Istruzioni:**
1. In una ciotola unire il granchio con i pomodorini e i restanti ingredienti, mescolare e servire.

**Nutrizione:** Calorie 54, Grassi 3,9, Fibre 0,6, Carboidrati 2,6, Proteine 2,3

# capesante al balsamico

**Tempo di preparazione: 4 minuti**
**Tempo di cottura: 6 minuti**
**Porzioni: 4**

**Ingredienti:**
- 12 once di capesante
- 2 cucchiai di olio d'oliva
- 2 spicchi d'aglio, tritati
- 1 cucchiaio di aceto balsamico
- 1 tazza di erba cipollina, affettata
- 2 cucchiai di coriandolo, tritato

**Istruzioni:**
1. Scaldare una padella con olio d'oliva a fuoco medio, aggiungere l'erba cipollina e l'aglio e soffriggere per 2 minuti.
2. Aggiungete le capesante e gli altri ingredienti, cuocete per 2 minuti per lato, distribuite nei piatti e servite.

**Nutrizione:** Calorie 146, grassi 7,7, fibre 0,7, carboidrati 4,4, proteine 14,8

# Miscela di suole cremose

**Tempo di preparazione: 10 minuti**
**Tempo di cottura: 20 minuti**
**Porzioni: 4**

**Ingredienti:**
- 2 cucchiai di olio d'oliva
- 1 cipolla rossa, tritata
- pepe nero a piacere
- ½ tazza di brodo vegetale a basso contenuto di sodio
- 4 filetti di sogliola, disossati
- ½ tazza di crema di cocco
- 1 cucchiaio di aneto, tritato

**Istruzioni:**
1. Scaldare una padella con olio d'oliva a fuoco medio, aggiungere la cipolla, mescolare e soffriggere per 5 minuti.
2. Aggiungere il pesce e cuocere per 4 minuti per lato.
3. Aggiungete il resto degli ingredienti, lasciate cuocere per altri 7 minuti, distribuite nei piatti e servite.

**Nutrizione:** Calorie 232, grassi 12,3, fibre 4, carboidrati 8,7, proteine 12

# Mix piccante di salmone e mango

**Tempo di preparazione: 5 minuti**
**Tempo di cottura: 0 minuti**
**Porzioni: 4**

**Ingredienti:**
- 1 libbra di salmone affumicato, disossato, senza pelle e in scaglie
- pepe nero a piacere
- 1 cipolla rossa, tritata
- 1 mango, sbucciato, senza semi e tritato
- 2 peperoni jalapeño, tritati
- ¼ di tazza di prezzemolo, tritato
- 3 cucchiai di succo di limone
- 1 cucchiaio di olio d'oliva

**Istruzioni:**
2. In una ciotola mescolare il salmone con il pepe nero e il resto degli ingredienti, mescolare e servire.

**Nutrizione:** Calorie 323, grassi 14,2, fibre 4, carboidrati 8,5, proteine 20,4

# Mix di gamberetti e aneto

**Tempo di preparazione: 5 minuti**
**Tempo di cottura: 0 minuti**
**Porzioni: 4**

**Ingredienti:**
- 2 cucchiaini di succo di limone
- 1 cucchiaio di olio d'oliva
- 1 cucchiaio di aneto, tritato
- 1 libbra di gamberetti, cotti, sbucciati e puliti
- pepe nero a piacere
- 1 tazza di ravanelli, tagliati a cubetti

**Istruzioni:**
1. In una ciotola, mescolare i gamberi con il succo di limone e il resto degli ingredienti, mescolare e servire.

**Nutrizione:** calorie 292, grassi 13, fibre 4,4, carboidrati 8, proteine 16,4

# Patè di salmone

**Tempo di preparazione:** 4 minuti
**Tempo di cottura:** 0 minuti
**Porzioni:** 6

**Ingredienti:**
- 6 once di salmone affumicato, disossato, senza pelle e sminuzzato
- 2 cucchiai di yogurt magro
- 3 cucchiaini di succo di limone
- 2 erba cipollina, tritata
- 8 once di crema di formaggio magro
- ¼ tazza di coriandolo, tritato

**Istruzioni:**
1. In una ciotola mescolare il salmone con lo yogurt e il resto degli ingredienti, sbattere e servire freddo.

**Nutrizione:** Calorie 272, grassi 15,2, fibre 4,3, carboidrati 16,8, proteine 9,9

# Gamberi Con Carciofi

**Tempo di preparazione:** 4 minuti
**Tempo di cottura:** 8 minuti
**Porzioni:** 4

**Ingredienti:**
- 2 cipolle verdi, tritate
- 1 tazza di carciofi in scatola non salati, scolati e tagliati in quarti
- 2 cucchiai di coriandolo, tritato
- 1 libbra di gamberi, sbucciati e puliti
- 1 tazza di pomodorini, tagliati a dadini
- 1 cucchiaio di olio d'oliva
- 1 cucchiaio di aceto balsamico
- Un pizzico di sale e pepe nero

**Istruzioni:**
1. Scaldare una padella con l'olio a fuoco medio, aggiungere le cipolle e i carciofi, mescolare e cuocere per 2 minuti.
2. Aggiungete i gamberi, mescolate e fate cuocere a fuoco medio per 6 minuti.
3. Dividete il tutto nelle ciotole e servite.

**Nutrizione:** calorie 260, grassi 8,23, fibre 3,8, carboidrati 14,3, proteine 12,4

# Gamberi con salsa al limone

**Tempo di preparazione: 5 minuti**
**Tempo di cottura: 8 minuti**
**Porzioni: 4**

**Ingredienti:**
- 1 libbra di gamberi, sbucciati e puliti
- 2 cucchiai di olio d'oliva
- Scorza di 1 limone, grattugiata
- Succo di ½ limone
- 1 cucchiaio di erba cipollina, tritata

**Istruzioni:**
1. Scaldare una padella con l'olio a fuoco medio-alto, aggiungere la scorza di limone, il succo di limone e il coriandolo, mescolare e cuocere per 2 minuti.
2. Aggiungete i gamberi, fate cuocere per altri 6 minuti, distribuite nei piatti e servite.

**Nutrizione:** Calorie 195, Grassi 8,9, Fibre 0, Carboidrati 1,8, Proteine 25,9

# Misto di tonno e arancia

**Tempo di preparazione: 5 minuti**
**Tempo di cottura: 12 minuti**
**Porzioni: 4**

**Ingredienti:**
- 4 filetti di tonno disossati
- pepe nero a piacere
- 2 cucchiai di olio d'oliva
- 2 scalogni, tritati
- 3 cucchiai di succo d'arancia
- 1 arancia, sbucciata e affettata
- 1 cucchiaio di origano tritato

**Istruzioni:**
1. Scaldare una padella con l'olio d'oliva a fuoco medio-alto, aggiungere lo scalogno, mescolare e soffriggere per 2 minuti.
2. Aggiungete il tonno e gli altri ingredienti, fate cuocere per altri 10 minuti, distribuite nei piatti e servite.

**Nutrizione:** Calorie 457, grassi 38,2, fibre 1,6, carboidrati 8,2, proteine 21,8

# curry di salmone

**Tempo di preparazione: 10 minuti**
**Tempo di cottura: 20 minuti**
**Porzioni: 4**

### Ingredienti:

- Filetto di salmone da 1 libbra, disossato e tagliato a cubetti
- 3 cucchiai di pasta di curry rosso
- 1 cipolla rossa, tritata
- 1 cucchiaino di peperone rosso dolce
- 1 tazza di crema al cocco
- 1 cucchiaio di olio d'oliva
- pepe nero a piacere
- ½ tazza di brodo di pollo a basso contenuto di sodio
- 3 cucchiai di basilico, tritato

### Istruzioni:

1. Scaldare una padella con l'olio a fuoco medio-alto, aggiungere la cipolla, il peperoncino e la pasta di curry, mescolare e cuocere per 5 minuti.
2. Aggiungete il salmone e il resto degli ingredienti, mescolate delicatamente, fate cuocere a fuoco medio per 15 minuti, dividete nelle ciotole e servite.

**Nutrizione:** calorie 377, grassi 28,3, fibre 2,1, carboidrati 8,5, proteine 23,9

# Miscela di salmone e carote

**Tempo di preparazione:** 10 minuti
**Tempo di cottura:** 15 minuti
**Porzioni:** 4

**Ingredienti:**
- 4 filetti di salmone disossati
- 1 cipolla rossa, tritata
- 2 carote, affettate
- 2 cucchiai di olio d'oliva
- 2 cucchiai di aceto balsamico
- pepe nero a piacere
- 2 cucchiai di erba cipollina, tritata
- ¼ di tazza di brodo vegetale a basso contenuto di sodio

**Istruzioni:**
1. Scaldare una padella con olio d'oliva a fuoco medio, aggiungere la cipolla e le carote, mescolare e soffriggere per 5 minuti.
2. Aggiungete il salmone e gli altri ingredienti, fate cuocere per altri 10 minuti, distribuite nei piatti e servite.

**Nutrizione:** Calorie 322, grassi 18, fibre 1,4, carboidrati 6, proteine 35,2

# Mix di gamberi e pinoli

**Tempo di preparazione: 10 minuti**
**Tempo di cottura: 10 minuti**
**Porzioni: 4**

**Ingredienti:**
- 1 libbra di gamberi, sbucciati e puliti
- 2 cucchiai di pinoli
- 1 cucchiaio di succo di limone
- 2 cucchiai di olio d'oliva
- 3 spicchi d'aglio, tritati
- pepe nero a piacere
- 1 cucchiaio di timo, tritato
- 2 cucchiai di erba cipollina, tritata finemente

**Istruzioni:**
1. Scaldare una padella con l'olio a fuoco medio-alto, aggiungere l'aglio, il timo, i pinoli e il succo di limone, mescolare e cuocere per 3 minuti.
2. Aggiungete i gamberi, il pepe nero e l'erba cipollina, mescolate, fate cuocere per altri 7 minuti, distribuite nei piatti e servite.

**Nutrizione:** Calorie 290, grassi 13, fibre 4,5, carboidrati 13,9, proteine 10

# Merluzzo e fagiolini

**Tempo di preparazione:** 10 minuti
**Tempo di cottura:** 14 minuti
**Porzioni:** 4

**Ingredienti:**
- 4 lombi di merluzzo disossati
- ½ libbra di fagiolini, tagliati e tagliati a metà
- 1 cucchiaio di succo di limone
- 1 cucchiaio di scorza di lime, grattugiata
- 1 cipolla gialla, tritata
- 2 cucchiai di olio d'oliva
- 1 cucchiaino di cumino, macinato
- 1 cucchiaino di peperoncino in polvere
- ½ tazza di brodo vegetale a basso contenuto di sodio
- Un pizzico di sale e pepe nero

**Istruzioni:**
1. Scaldare una padella con l'olio a fuoco medio-alto, aggiungere la cipolla, mescolare e cuocere per 2 minuti.
2. Aggiungere il pesce e cuocere per 3 minuti su ciascun lato.
3. Aggiungete i fagiolini e il resto degli ingredienti, mescolate delicatamente, fate cuocere per altri 7 minuti, distribuite nei piatti e servite.

**Nutrizione:** calorie 220, grassi 13, carboidrati 14,3, fibre 2,3, proteine 12

# Capesante all'aglio

**Tempo di preparazione: 5 minuti**
**Tempo di cottura: 8 minuti**
**Porzioni: 4**

**Ingredienti:**
- 12 capesante
- 1 cipolla rossa, affettata
- 2 cucchiai di olio d'oliva
- ½ cucchiaino di aglio tritato
- 2 cucchiai di succo di limone
- pepe nero a piacere
- 1 cucchiaino di aceto balsamico

**Istruzioni:**
1. Scaldare una padella con olio d'oliva a fuoco medio, aggiungere la cipolla e l'aglio e soffriggere per 2 minuti.
2. Aggiungete le capesante e gli altri ingredienti, fate cuocere a fuoco medio per altri 6 minuti, distribuite nei piatti e servite caldo.

**Nutrizione:** Calorie 259, grassi 8, fibre 3, carboidrati 5,7, proteine 7

# Mix cremoso di branzino

**Tempo di preparazione:** 10 minuti
**Tempo di cottura:** 14 minuti
**Porzioni:** 4

**Ingredienti:**
- 4 filetti di branzino disossati
- 1 tazza di crema al cocco
- 1 cipolla gialla, tritata
- 1 cucchiaio di succo di limone
- 2 cucchiai di olio di avocado
- 1 cucchiaio di prezzemolo, tritato
- Un pizzico di pepe nero

**Istruzioni:**
1. Scaldate una padella con l'olio a fuoco medio, aggiungete la cipolla, mescolate e fate soffriggere per 2 minuti.
2. Aggiungere il pesce e cuocere per 4 minuti per lato.
3. Aggiungere il resto degli ingredienti, cuocere per altri 4 minuti, distribuire nei piatti e servire.

**Nutrizione:** Calorie 283, Grassi 12,3, Fibre 5, Carboidrati 12,5, Proteine 8

# Mix di spigola e funghi

**Tempo di preparazione:** 10 minuti
**Tempo di cottura:** 13 minuti
**Porzioni:** 4

**Ingredienti:**
- 4 filetti di branzino disossati
- 2 cucchiai di olio d'oliva
- pepe nero a piacere
- ½ tazza di funghi bianchi, affettati
- 1 cipolla rossa, tritata
- 2 cucchiai di aceto balsamico
- 3 cucchiai di coriandolo, tritato

**Istruzioni:**
1. Scaldare una padella con l'olio d'oliva a fuoco medio-alto, aggiungere la cipolla e i funghi, mescolare e cuocere per 5 minuti.
2. Aggiungete il pesce e il resto degli ingredienti, cuocete per 4 minuti per lato, distribuite nei piatti e servite.

**Nutrizione:** calorie 280, grassi 12,3, fibre 8, carboidrati 13,6, proteine 14,3

# zuppa di salmone

**Tempo di preparazione: 5 minuti**
**Tempo di cottura: 20 minuti**
**Porzioni: 4**

**Ingredienti:**
- Filetto di salmone da 1 libbra, disossato, senza pelle e tagliato a cubetti
- 1 tazza di cipolla gialla, tritata
- 2 cucchiai di olio d'oliva
- pepe nero a piacere
- 2 tazze di brodo vegetale a basso contenuto di sodio
- 1 tazza e ½ di pomodori a pezzetti
- 1 cucchiaio di basilico, tritato

**Istruzioni:**
1. Scaldare una padella con olio d'oliva a fuoco medio, aggiungere la cipolla, mescolare e soffriggere per 5 minuti.
2. Aggiungere il salmone e gli altri ingredienti, portare a ebollizione e cuocere a fuoco medio per 15 minuti.
3. Dividete la zuppa nelle ciotole e servite.

**Nutrizione:** Calorie 250, grassi 12,2, fibre 5, carboidrati 8,5, proteine 7

# Gamberetti alla noce moscata

**Tempo di preparazione: 3 minuti**
**Tempo di cottura: 6 minuti**
**Porzioni: 4**

**Ingredienti:**
- 1 libbra di gamberi, sbucciati e puliti
- 2 cucchiai di olio d'oliva
- 1 cucchiaio di succo di limone
- 1 cucchiaio di noce moscata, macinata
- pepe nero a piacere
- 1 cucchiaio di coriandolo, tritato

**Istruzioni:**
1. Scaldare una padella con l'olio a fuoco medio, aggiungere i gamberi, il succo di limone e gli altri ingredienti, mescolare, cuocere per 6 minuti, dividere nelle ciotole e servire.

**Nutrizione:** Calorie 205, grassi 9,6, fibre 0,4, carboidrati 2,7, proteine 26

# Mix di gamberi e frutta

**Tempo di preparazione: 4 minuti**
**Tempo di cottura: 6 minuti**
**Porzioni: 4**

**Ingredienti:**
- 1 libbra di gamberi, sbucciati e puliti
- ½ tazza di pomodoro, tagliato a dadini
- 2 cucchiai di olio d'oliva
- 1 cucchiaio di aceto balsamico
- ½ tazza di fragole tritate
- pepe nero a piacere

**Istruzioni:**
1. Scaldare una padella con l'olio a fuoco medio, aggiungere i gamberi, mescolare e cuocere per 3 minuti.
2. Aggiungere il resto degli ingredienti, mescolare, cuocere per altri 3-4 minuti, dividere nelle ciotole e servire.

**Nutrizione:** calorie 205, grassi 9, fibre 0,6, carboidrati 4, proteine 26,2

# Frittata al forno con limone

**Tempo di preparazione: 10 minuti**
**Tempo di cottura: 30 minuti**
**Porzioni: 4**

**Ingredienti:**
- 4 tortilla
- 1 cucchiaio di scorza di limone, grattugiata
- 2 cucchiai di olio d'oliva
- 2 cucchiai di succo di limone
- Un pizzico di pepe nero
- 2 cucchiai di coriandolo, tritato

**Istruzioni:**
1. In una teglia mescolare il pesce con la scorza di limone e il resto degli ingredienti e strofinare.
2. Cuocere in forno a 370 gradi F per 30 minuti, dividere nei piatti e servire.

**Nutrizione:** Calorie 264, grassi 12,3, fibre 5, carboidrati 7, proteine 11

# Capesante all'erba cipollina

**Tempo di preparazione:** 3 minuti
**Tempo di cottura:** 4 minuti
**Porzioni:** 4

**Ingredienti:**
- 12 capesante
- 2 cucchiai di olio d'oliva
- pepe nero a piacere
- 2 cucchiai di erba cipollina, tritata
- 1 cucchiaio di peperone rosso dolce

**Istruzioni:**
1. Scaldare una padella con l'olio a fuoco medio, aggiungere le capesante, il peperoncino e gli altri ingredienti e cuocere per 2 minuti per lato.
2. Dividere nei piatti e servire con un'insalata.

**Nutrizione:** Calorie 215, grassi 6, fibre 5, carboidrati 4,5, proteine 11

# Polpette di tonno

**Tempo di preparazione:** 10 minuti
**Tempo di cottura:** 30 minuti
**Porzioni:** 4

**Ingredienti:**
- 2 cucchiai di olio d'oliva
- 1 libbra di tonno, senza pelle, disossato e tritato
- 1 cipolla gialla, tritata
- ¼ di tazza di erba cipollina, tritata
- 1 uovo sbattuto
- 1 cucchiaio di farina di cocco
- Un pizzico di sale e pepe nero

**Istruzioni:**
1. In una ciotola mescolare il tonno con la cipolla e il resto degli ingredienti, escluso l'olio, mescolare bene e formare con questo composto delle polpette di media grandezza.
2. Disporre le polpette su una teglia, spennellare con olio, infornare a 180 gradi, cuocere per 30 minuti, dividere nei piatti e servire.

**Nutrizione:** calorie 291, grassi 14,3, fibre 5, carboidrati 12,4, proteine 11

# Padella di salmone

**Tempo di preparazione:** 10 minuti
**Tempo di cottura:** 12 minuti
**Porzioni:** 4

**Ingredienti:**

- 4 filetti di salmone, diliscati e tagliati a cubetti spessi
- 2 cucchiai di olio d'oliva
- 1 peperone rosso, tagliato a strisce
- 1 zucchina, tagliata a cubetti spessi
- 1 melanzana, tagliata a cubetti spessi
- 1 cucchiaio di succo di limone
- 1 cucchiaio di aneto, tritato
- ¼ di tazza di brodo vegetale a basso contenuto di sodio
- 1 cucchiaino di aglio in polvere
- Un pizzico di pepe nero

**Istruzioni:**

1. Scaldare una padella con l'olio a fuoco medio-alto, aggiungere il peperone, la zucchina e la melanzana, mescolare e friggere per 3 minuti.
2. Aggiungete il salmone e il resto degli ingredienti, mescolate delicatamente, fate cuocere per altri 9 minuti, distribuite nei piatti e servite.

**Nutrizione:** calorie 348, grassi 18,4, fibre 5,3, carboidrati 11,9, proteine 36,9

# Miscela di merluzzo con senape

**Tempo di preparazione:** 10 minuti
**Tempo di cottura:** 25 minuti
**Porzioni:** 4

**Ingredienti:**
- 4 filetti di merluzzo, senza pelle e disossati
- Un pizzico di pepe nero
- 1 cucchiaino di zenzero, grattugiato
- 1 cucchiaio di senape
- 2 cucchiai di olio d'oliva
- 1 cucchiaino di timo essiccato
- ¼ di cucchiaino di cumino macinato
- 1 cucchiaino di curcuma in polvere
- ¼ tazza di coriandolo, tritato
- 1 tazza di brodo vegetale a basso contenuto di sodio
- 3 spicchi d'aglio, tritati

**Istruzioni:**
1. In una pirofila, mescolare il merluzzo con il pepe nero, lo zenzero e il resto degli ingredienti, mescolare delicatamente e infornare a 180 gradi per 25 minuti.
2. Dividere il composto nei piatti e servire.

**Nutrizione:** Calorie 176, grassi 9, fibre 1, carboidrati 3,7, proteine 21,2

# Mix di gamberi e asparagi

**Tempo di preparazione:** 10 minuti
**Tempo di cottura:** 14 minuti
**Porzioni:** 4

### Ingredienti:
- 1 mazzetto di asparagi tagliati a metà
- 1 libbra di gamberi, sbucciati e puliti
- pepe nero a piacere
- 2 cucchiai di olio d'oliva
- 1 cipolla rossa, tritata
- 2 spicchi d'aglio, tritati
- 1 tazza di crema al cocco

### Istruzioni:
1. Scaldare una padella con olio d'oliva a fuoco medio, aggiungere la cipolla, l'aglio e gli asparagi, mescolare e cuocere per 4 minuti.
2. Aggiungete i gamberi e il resto degli ingredienti, mescolate, fate cuocere a fuoco medio per 10 minuti, dividete il tutto nelle ciotole e servite.

**Nutrizione:** Calorie 225, grassi 6, fibre 3,4, carboidrati 8,6, proteine 8

# merluzzo e piselli

**Tempo di preparazione:** 10 minuti
**Tempo di cottura:** 20 minuti
**Porzioni:** 4

**Ingredienti:**
- 1 cipolla gialla, tritata
- 2 cucchiai di olio d'oliva
- ½ tazza di brodo di pollo a basso contenuto di sodio
- 4 filetti di merluzzo, disossati, senza pelle
- pepe nero a piacere
- 1 tazza di piselli

**Istruzioni:**
1. Scaldare una padella con olio d'oliva a fuoco medio, aggiungere la cipolla, mescolare e soffriggere per 4 minuti.
2. Aggiungere il pesce e cuocere per 3 minuti su ciascun lato.
3. Aggiungete i piselli e gli altri ingredienti, fate cuocere per altri 10 minuti, distribuite nei piatti e servite.

**Nutrizione:** Calorie 240, grassi 8,4, fibre 2,7, carboidrati 7,6, proteine 14

# Ciotole di gamberi e cozze

**Tempo di preparazione: 5 minuti**
**Tempo di cottura: 12 minuti**
**Porzioni: 4**

**Ingredienti:**
- 1 libbra di cozze, lavate
- ½ tazza di brodo di pollo a basso contenuto di sodio
- 1 libbra di gamberi, sbucciati e puliti
- 2 scalogni, tritati
- 1 tazza di pomodorini, tagliati a dadini
- 2 spicchi d'aglio, tritati
- 1 cucchiaio di olio d'oliva
- 1 succo di limone

**Istruzioni:**
1. Scaldare una padella con olio d'oliva a fuoco medio, aggiungere la cipolla e l'aglio e soffriggere per 2 minuti.
2. Aggiungete i gamberi, le cozze e gli altri ingredienti, fate cuocere il tutto a fuoco medio per 10 minuti, dividete nelle ciotole e servite.

**Nutrizione:** Calorie 240, grassi 4,9, fibre 2,4, carboidrati 11,6, proteine 8

# Ricette di dessert della dieta Dash

# crema alla menta

**Tempo di preparazione:** 2 ore e 4 minuti

**Tempo di cottura: 0 minuti**
**Porzioni: 4**

**Ingredienti:**
- 4 tazze di yogurt magro
- 1 tazza di crema al cocco
- 3 cucchiai di stevia
- 2 cucchiaini di scorza di limone, grattugiata
- 1 cucchiaio di menta, tritata

**Istruzioni:**
1. In un frullatore, sbattere la panna con lo yogurt e il resto degli ingredienti, sbattere bene, dividere in bicchieri e lasciare raffreddare per 2 ore prima di servire.

**Nutrizione:** calorie 512, grassi 14,3, fibre 1,5, carboidrati 83,6, proteine 12,1

# budino di lamponi

**Tempo di preparazione:** 10 minuti
**Tempo di cottura:** 24 minuti
**Porzioni:** 4

**Ingredienti:**
- 1 tazza di lamponi
- 2 cucchiaini di zucchero di cocco
- 3 uova sbattute
- 1 cucchiaio di olio di avocado
- ½ tazza di latte di mandorle
- ½ tazza di farina di cocco
- ¼ di tazza di yogurt magro

**Istruzioni:**
1. In una ciotola, mescolare i lamponi con lo zucchero e il resto degli ingredienti, tranne lo spray da cucina, e sbattere bene.
2. Rivestire un piatto da budino con spray da cucina, aggiungere il composto di lamponi, spalmare, infornare a 400 gradi F per 24 minuti, dividere tra piatti da dessert e servire.

**Nutrizione:** calorie 215, grassi 11,3, fibre 3,4, carboidrati 21,3, proteine 6,7

# barrette di mandorle

**Tempo di preparazione: 10 minuti**
**Tempo di cottura: 30 minuti**
**Porzioni: 4**

**Ingredienti:**
- 1 tazza di mandorle tritate
- 2 uova, sbattute
- ½ tazza di latte di mandorle
- 1 cucchiaino di estratto di vaniglia
- 2/3 tazza di zucchero di cocco
- 2 tazze di farina integrale
- 1 cucchiaino di lievito
- Spray da cucina

**Istruzioni:**
1. In una ciotola, mescolare le mandorle con le uova e il resto degli ingredienti, tranne lo spray da cucina, e mescolare bene.
2. Versare in uno stampo quadrato unto con spray da cucina, stendere bene, cuocere per 30 minuti, lasciare raffreddare, tagliare a barrette e servire.

**Nutrizione:** calorie 463, grassi 22,5, fibre 11, carboidrati 54,4, proteine 16,9

# Mix di pesche tostate

**Tempo di preparazione:** 10 minuti
**Tempo di cottura:** 30 minuti
**Porzioni:** 4

**Ingredienti:**
- 4 pesche snocciolate e tagliate a metà
- 1 cucchiaio di zucchero di cocco
- 1 cucchiaino di estratto di vaniglia
- ¼ cucchiaino di cannella in polvere
- 1 cucchiaio di olio di avocado

**Istruzioni:**
1. Su una teglia, condisci le pesche con lo zucchero e gli altri ingredienti, inforna a 180°C per 30 minuti, fai raffreddare e servi.

**Nutrizione:** calorie 91, grassi 0,8, fibre 2,5, carboidrati 19,2, proteine 1,7

# Torta alle noci

**Tempo di preparazione:** 10 minuti
**Tempo di cottura:** 25 minuti
**Porzioni:** 8

**Ingredienti:**
- 3 tazze di farina di mandorle
- 1 tazza di zucchero di cocco
- 1 cucchiaio di estratto di vaniglia
- ½ tazza di noci, tritate
- 2 cucchiaini di bicarbonato di sodio
- 2 tazze di latte di cocco
- ½ tazza di olio di cocco, sciolto

**Istruzioni:**
1. In una ciotola mescolare la farina di mandorle con lo zucchero e il resto degli ingredienti, sbatterla bene, versarla in uno stampo, stenderla, infornare a 180 gradi, cuocere per 25 minuti.
2. Lasciate raffreddare la torta, tagliate e servite.

**Nutrizione:** Calorie 445, Grassi 10, Fibre 6,5, Carboidrati 31,4, Proteine 23,5

# torta di mele

**Tempo di preparazione:** 10 minuti
**Tempo di cottura:** 30 minuti
**Porzioni:** 4

**Ingredienti:**
- 2 tazze di farina di mandorle
- 1 cucchiaino di bicarbonato di sodio
- 1 cucchiaino di lievito
- ½ cucchiaino di cannella in polvere
- 2 cucchiai di zucchero di cocco
- 1 tazza di latte di mandorle
- 2 mele verdi, sbucciate e tagliate a cubetti
- Spray da cucina

**Istruzioni:**
1. In una ciotola, unisci la farina con il bicarbonato di sodio, le mele e gli altri ingredienti, tranne lo spray da cucina, e sbatti bene.
2. Versare in una tortiera ricoperta di spray da cucina, distribuire uniformemente, infornare e cuocere a 180°C per 30 minuti.
3. Raffreddare la torta, tagliare e servire.

**Nutrizione:** calorie 332, grassi 22,4, fibre 91,6, carboidrati 22,2, proteine 12,3

# crema alla cannella

**Tempo di preparazione: 2 ore**
**Tempo di cottura: 10 minuti**
**Porzioni: 4**

**Ingredienti:**
- 1 tazza di latte di mandorle senza grassi
- 1 tazza di crema al cocco
- 2 tazze di zucchero di cocco
- 2 cucchiai di cannella in polvere
- 1 cucchiaino di estratto di vaniglia

**Istruzioni:**
1. Scaldare una padella con il latte di mandorle a fuoco medio, aggiungere il resto degli ingredienti, frullare e cuocere per altri 10 minuti.
2. Dividete il composto in ciotole, fate raffreddare e mettete in frigorifero per 2 ore prima di servire.

**Nutrizione:** calorie 254, grassi 7,5, fibre 5, carboidrati 16,4, proteine 9,5

# Mix cremoso di fragole

**Tempo di preparazione: 10 minuti**
**Tempo di cottura: 0 minuti**
**Porzioni: 4**

**Ingredienti:**
- 1 cucchiaino di estratto di vaniglia
- 2 tazze di fragole tritate
- 1 cucchiaino di zucchero di cocco
- 8 once di yogurt magro

**Istruzioni:**
1. In una ciotola unire le fragole con la vaniglia e il resto degli ingredienti, mescolare e servire freddo.

**Nutrizione:** calorie 343, grassi 13,4, fibre 6, carboidrati 15,43, proteine 5,5

# brownies alla vaniglia

**Tempo di preparazione:** 10 minuti
**Tempo di cottura:** 25 minuti
**Porzioni:** 8

### Ingredienti:
- 1 tazza di noci, tritate
- 3 cucchiai di zucchero di cocco
- 2 cucchiai di cacao in polvere
- 3 uova sbattute
- ¼ di tazza di olio di cocco, sciolto
- ½ cucchiaino di lievito
- 2 cucchiaini di estratto di vaniglia
- Spray da cucina

### Istruzioni:
1. In un robot da cucina, unisci le noci con lo zucchero di cocco e tutti gli altri ingredienti tranne lo spray da cucina e frulla bene.
2. Rivestire una teglia quadrata con spray da cucina, aggiungere il mix di brownie, spalmare, mettere in forno, cuocere a 180 gradi F per 25 minuti, raffreddare, tagliare e servire.

**Nutrizione:** Calorie 370, grassi 14,3, fibre 3, carboidrati 14,4, proteine 5,6

# torta di fragole

**Tempo di preparazione:** 10 minuti
**Tempo di cottura:** 25 minuti
**Porzioni:** 6

**Ingredienti:**
- 2 tazze di farina integrale
- 1 tazza di fragole, tritate
- ½ cucchiaino di bicarbonato di sodio
- ½ tazza di zucchero di cocco
- ¾ tazza di latte di cocco
- ¼ di tazza di olio di cocco, sciolto
- 2 uova, sbattute
- 1 cucchiaino di estratto di vaniglia
- Spray da cucina

**Istruzioni:**
1. In una ciotola mescolate la farina con le fragole e il resto degli ingredienti tranne lo spray per il pane e mescolate bene.
2. Rivestire una teglia con spray da cucina, versare il composto per torta, spalmare, infornare a 180 gradi F per 25 minuti, raffreddare, tagliare e servire.

**Nutrizione:** calorie 465, grassi 22,1, fibre 4, carboidrati 18,3, proteine 13,4

# budino al cacao

**Tempo di preparazione:** 10 minuti
**Tempo di cottura:** 10 minuti
**Porzioni:** 4

**Ingredienti:**
- 2 cucchiai di zucchero di cocco
- 3 cucchiai di farina di cocco
- 2 cucchiai di cacao in polvere
- 2 tazze di latte di mandorle
- 2 uova, sbattute
- ½ cucchiaino di estratto di vaniglia

**Istruzioni:**
1. Mettete il latte in un pentolino, aggiungete il cacao e il resto degli ingredienti, sbattete, fate cuocere a fuoco medio per 10 minuti, versate in coppette e servite freddo.

**Nutrizione:** calorie 385, grassi 31,7, fibre 5,7, carboidrati 21,6, proteine 7,3

# Crema alla vaniglia e noce moscata

**Tempo di preparazione:** 10 minuti
**Tempo di cottura:** 0 minuti
**Porzioni:** 6

**Ingredienti:**
- 3 tazze di latte scremato
- 1 cucchiaino di noce moscata, macinata
- 2 cucchiaini di estratto di vaniglia
- 4 cucchiaini di zucchero di cocco
- 1 tazza di noci, tritate

**Istruzioni:**
1. In una ciotola mescolare il latte con la noce moscata e il resto degli ingredienti, mescolare bene, dividere in coppette e servire freddo.

**Nutrizione:** calorie 243, grassi 12,4, fibre 1,5, carboidrati 21,1, proteine 9,7

# Crema di avocado

**Tempo di preparazione:** 1 ora e 10 minuti

**Tempo di cottura: 0 minuti**
**Porzioni: 4**

**Ingredienti:**
- 2 tazze di crema di cocco
- 2 avocado, sbucciati, snocciolati e ridotti in purea
- 2 cucchiai di zucchero di cocco
- 1 cucchiaino di estratto di vaniglia

**Istruzioni:**
1. In un mixer sbattere la panna con l'avocado e il resto degli ingredienti, sbattere bene, dividere in coppette e lasciare in frigo 1 ora prima di servire.

**Nutrizione:** calorie 532, grassi 48,2, fibre 9,4, carboidrati 24,9, proteine 5,2

# crema di lamponi

**Tempo di preparazione: 10 minuti**
**Tempo di cottura: 25 minuti**
**Porzioni: 4**

**Ingredienti:**
- 2 cucchiai di farina di mandorle
- 1 tazza di crema al cocco
- 3 tazze di lamponi
- 1 tazza di zucchero di cocco
- 8 once di crema di formaggio magro

**Istruzioni:**
1. In una ciotola sbattere la farina con la panna e gli altri ingredienti, trasferire in una teglia rotonda, infornare a 360° per 25 minuti, dividere nelle ciotole e servire.

**Nutrizione:** Calorie 429, grassi 36,3, fibre 7,7, carboidrati 21,3, proteine 7,8

# insalata di anguria

**Tempo di preparazione: 4 minuti**
**Tempo di cottura: 0 minuti**
**Porzioni: 4**

**Ingredienti:**
- 1 tazza di anguria, sbucciata e tagliata a cubetti
- 2 mele, snocciolate e tagliate a cubetti
- 1 cucchiaio di crema di cocco
- 2 banane, tagliate a pezzi

**Istruzioni:**
1. In una ciotola, unire l'anguria con le mele e il resto degli ingredienti, mescolare e servire.

**Nutrizione:** Calorie 131, Grassi 1,3, Fibre 4,5, Carboidrati 31,9, Proteine 1,3

# Miscela di pere e cocco

**Tempo di preparazione: 10 minuti**
**Tempo di cottura: 10 minuti**
**Porzioni: 4**

**Ingredienti:**
- 2 cucchiaini di succo di limone
- ½ tazza di crema di cocco
- ½ tazza di cocco grattugiato
- 4 pere, snocciolate e tagliate a cubetti
- 4 cucchiai di zucchero di cocco

**Istruzioni:**
1. In una casseruola unire le pere con il succo di limone e il resto degli ingredienti, mescolare, mettere a fuoco medio e cuocere per 10 minuti.
2. Dividere in ciotole e servire freddo.

**Nutrizione:** Calorie 320, grassi 7,8, fibre 3, carboidrati 6,4, proteine 4,7

# Composta di mele

**Tempo di preparazione: 10 minuti**
**Tempo di cottura: 15 minuti**
**Porzioni: 4**

**Ingredienti:**
- 5 cucchiai di zucchero di cocco
- 2 tazze di succo d'arancia
- 4 mele, snocciolate e tagliate a cubetti

**Istruzioni:**
1. In un pentolino unire le mele con lo zucchero e il succo d'arancia, mescolare, portare ad ebollizione a fuoco medio, cuocere per 15 minuti, dividere in ciotole e servire freddo.

**Nutrizione:** Calorie 220, Grassi 5,2, Fibre 3, Carboidrati 5,6, Proteine 5,6

# spezzatino di albicocche

**Tempo di preparazione: 10 minuti**
**Tempo di cottura: 15 minuti**
**Porzioni: 4**

**Ingredienti:**
- 2 tazze di albicocche, dimezzate
- 2 tazze d'acqua
- 2 cucchiai di zucchero di cocco
- 2 cucchiai di succo di limone

**Istruzioni:**
1. In un pentolino unire le albicocche con l'acqua e il resto degli ingredienti, mescolare, cuocere a fuoco medio per 15 minuti, dividere nelle ciotole e servire.

**Nutrizione:** Calorie 260, Grassi 6.2, Fibre 4.2, Carboidrati 5.6, Proteine 6

# miscela di melone e limone

**Tempo di preparazione:** 10 minuti
**Tempo di cottura:** 10 minuti
**Porzioni:** 4

**Ingredienti:**

- 2 tazze di melone sbucciato e tritato grossolanamente
- 4 cucchiai di zucchero di cocco
- 2 cucchiaini di estratto di vaniglia
- 2 cucchiaini di succo di limone

**Istruzioni:**

1. In un pentolino unire il melone con lo zucchero e il resto degli ingredienti, mescolare, scaldare a fuoco medio, cuocere per circa 10 minuti, dividere in ciotole e servire freddo.

**Nutrizione:** Calorie 140, grassi 4, fibre 3,4, carboidrati 6,7, proteine 5

# crema cremosa al rabarbaro

**Tempo di preparazione:** 10 minuti
**Tempo di cottura:** 14 minuti
**Porzioni:** 4

**Ingredienti:**
- 1/3 tazza di formaggio cremoso a basso contenuto di grassi
- ½ tazza di crema di cocco
- 2 libbre di rabarbaro, tritato grossolanamente
- 3 cucchiai di zucchero di cocco

**Istruzioni:**
1. Nel frullatore, sbattere la crema di formaggio con la panna e il resto degli ingredienti e sbattere bene.
2. Dividere in piccole tazze, mettere in forno e cuocere a 350 gradi F per 14 minuti.
3. Servire freddo.

**Nutrizione:** Calorie 360, grassi 14,3, fibre 4,4, carboidrati 5,8, proteine 5,2

# ciotole di ananas

**Tempo di preparazione:** 10 minuti
**Tempo di cottura:** 0 minuti
**Porzioni:** 4

**Ingredienti:**
- 3 tazze di ananas, sbucciato e tagliato a cubetti
- 1 cucchiaino di semi di chia
- 1 tazza di crema al cocco
- 1 cucchiaino di estratto di vaniglia
- 1 cucchiaio di menta, tritata

**Istruzioni:**
1. In una ciotola unire l'ananas con la panna e il resto degli ingredienti, amalgamare il tutto, dividerlo in ciotole più piccole e lasciarlo raffreddare per 10 minuti prima di servire.

**Nutrizione:** calorie 238, grassi 16,6, fibre 5,6, carboidrati 22,8, proteine 3,3

# spezzatino di mirtilli

**Tempo di preparazione:** 10 minuti
**Tempo di cottura:** 10 minuti
**Porzioni:** 4

**Ingredienti:**

- 2 cucchiai di succo di limone
- 1 tazza d'acqua
- 3 cucchiai di zucchero di cocco
- 12 once di mirtilli

**Istruzioni:**

1. In un pentolino mescolare i mirtilli con lo zucchero e il resto degli ingredienti, mettere sul fuoco basso e lasciar cuocere a fuoco medio per 10 minuti.
2. Dividere nelle ciotole e servire.

**Nutrizione:** Calorie 122, grassi 0,4, fibre 2,1, carboidrati 26,7, proteine 1,5

# Budino al limone

**Tempo di preparazione: 10 minuti**
**Tempo di cottura: 15 minuti**
**Porzioni: 4**

### Ingredienti:
- 2 tazze di crema di cocco
- 1 succo di lime
- Scorza di 1 lime, grattugiata
- 3 cucchiai di olio di cocco, sciolto
- 1 uovo sbattuto
- 1 cucchiaino di lievito

### Istruzioni:
1. In una ciotola unire la panna con il succo di limone e il resto degli ingredienti e amalgamare bene.
2. Dividere in piccoli stampini, infornare e cuocere a 180°C per 15 minuti.
3. Servire il budino freddo.

**Nutrizione:** Calorie 385, Grassi 39,9, Fibre 2,7, Carboidrati 8,2, Proteine 4,2

# crema alla pesca

**Tempo di preparazione:** 10 minuti
**Tempo di cottura:** 0 minuti
**Porzioni:** 4

**Ingredienti:**
- 3 tazze di crema di cocco
- 2 pesche, snocciolate e tagliate
- 1 cucchiaino di estratto di vaniglia
- ½ tazza di mandorle, tritate

**Istruzioni:**
1. In un mixer unire la panna e i restanti ingredienti, sbattere bene, dividere in piccole ciotoline e servire freddo.

**Nutrizione:** calorie 261, grassi 13, fibre 5,6, carboidrati 7, proteine 5,4

# Miscela di cannella e prugna

**Tempo di preparazione:** 10 minuti
**Tempo di cottura:** 15 minuti
**Porzioni:** 4

**Ingredienti:**
- 1 libbra di prugne secche, snocciolate e tagliate a metà
- 2 cucchiai di zucchero di cocco
- ½ cucchiaino di cannella in polvere
- 1 tazza d'acqua

**Istruzioni:**
1. In un pentolino mescolare le prugne con lo zucchero e il resto degli ingredienti, mettere sul fuoco basso e lasciar cuocere a fuoco medio per 15 minuti.
2. Dividere in ciotole e servire freddo.

**Nutrizione:** Calorie 142, grassi 4, fibre 2,4, carboidrati 14, proteine 7

# Mela Chia e Vaniglia

**Tempo di preparazione: 10 minuti**
**Tempo di cottura: 10 minuti**
**Porzioni: 4**

Ingredienti:
- 2 tazze di mele, snocciolate e affettate
- 2 cucchiai di semi di chia
- 1 cucchiaino di estratto di vaniglia
- 2 tazze di succo di mela naturalmente non zuccherato

Istruzioni:
1. In un pentolino unire le mele con i semi di chia e gli altri ingredienti, mescolare, cuocere a fuoco medio per 10 minuti, dividere in ciotole e servire freddo.

**Nutrizione:** Calorie 172, grassi 5,6, fibre 3,5, carboidrati 10, proteine 4,4

# Budino di riso e pere

**Tempo di preparazione: 10 minuti**
**Tempo di cottura: 25 minuti**
**Porzioni: 4**

**Ingredienti:**
- 6 tazze d'acqua
- 1 tazza di zucchero di cocco
- 2 tazze di riso nero
- 2 pere, snocciolate e tagliate a cubetti
- 2 cucchiaini di cannella in polvere

**Istruzioni:**
1. Mettere l'acqua in una pentola, scaldare a fuoco medio-alto, aggiungere il riso, lo zucchero e gli altri ingredienti, mescolare, portare a ebollizione, abbassare la fiamma a media e cuocere per 25 minuti.
2. Dividere in ciotole e servire freddo.

**Nutrizione:** calorie 290, grassi 13,4, fibre 4, carboidrati 13,20, proteine 6,7

## stufato di rabarbaro

**Tempo di preparazione:** 10 minuti
**Tempo di cottura:** 15 minuti
**Porzioni:** 4

**Ingredienti:**
- 2 tazze di rabarbaro, tritato grossolanamente
- 3 cucchiai di zucchero di cocco
- 1 cucchiaino di estratto di mandorla
- 2 tazze d'acqua

**Istruzioni:**
1. In un pentolino unire il rabarbaro con il resto degli ingredienti, mescolare, portare ad ebollizione a fuoco medio, cuocere per 15 minuti, dividere in ciotole e servire freddo.

**Nutrizione:** Calorie 142, Grassi 4.1, Fibre 4.2, Carboidrati 7, Proteine 4

# crema al rabarbaro

**Tempo di preparazione: 1 ora**
**Tempo di cottura: 10 minuti**
**Porzioni: 4**

**Ingredienti:**
- 2 tazze di crema di cocco
- 1 tazza di rabarbaro, tritato
- 3 uova sbattute
- 3 cucchiai di zucchero di cocco
- 1 cucchiaio di succo di limone

**Istruzioni:**
1. In un pentolino unire la panna con il rabarbaro e il resto degli ingredienti, mescolare bene, cuocere a fuoco medio per 10 minuti, frullare nel frullatore, dividere in ciotole e mettere da parte – mettere in frigorifero 1 ora prima di servire.

**Nutrizione:** Calorie 230, grassi 8,4, fibre 2,4, carboidrati 7,8, proteine 6

# insalata di mirtilli

**Tempo di preparazione: 5 minuti**
**Tempo di cottura: 0 minuti**
**Porzioni: 4**

**Ingredienti:**
- 2 tazze di mirtilli
- 3 cucchiai di menta, tritata
- 1 pera, snocciolata e tagliata a cubetti
- 1 mela, senza torsolo e tagliata a cubetti
- 1 cucchiaio di zucchero di cocco

**Istruzioni:**
1. In una ciotola unire i mirtilli con la menta e il resto degli ingredienti, mescolare e servire freddo.

**Nutrizione:** Calorie 150, grassi 2,4, fibre 4, carboidrati 6,8, proteine 6

# Datteri e crema di banane

**Tempo di preparazione: 5 minuti**
**Tempo di cottura: 0 minuti**
**Porzioni: 4**

**Ingredienti:**
- 1 tazza di latte di mandorle
- 1 banana, sbucciata e affettata
- 1 cucchiaino di estratto di vaniglia
- ½ tazza di crema di cocco
- datteri, morsi

**Istruzioni:**
1. In un frullatore unire i datteri con la banana e gli altri ingredienti, frullare bene, dividere in bicchierini e servire freddo.

**Nutrizione:** calorie 271, grassi 21,6, fibre 3,8, carboidrati 21,2, proteine 2,7

# muffin alle prugne

**Tempo di preparazione:** 10 minuti
**Tempo di cottura:** 25 minuti
**Porzioni:** 12

**Ingredienti:**
- 3 cucchiai di olio di cocco, sciolto
- ½ tazza di latte di mandorle
- 4 uova sbattute
- 1 cucchiaino di estratto di vaniglia
- 1 tazza di farina di mandorle
- 2 cucchiaini di cannella in polvere
- ½ cucchiaino di lievito
- 1 tazza di prugne tritate e tritate

**Istruzioni:**
1. In una ciotola, mescolare l'olio di cocco con il latte di mandorle e il resto degli ingredienti e mescolare bene.
2. Dividere in uno stampo per muffin, infornare a 180°C e cuocere per 25 minuti.
3. Servire i muffin freddi.

**Nutrizione:** Calorie 270, grassi 3,4, fibre 4,4, carboidrati 12, proteine 5

# Ciotole di prugne e uvetta

**Tempo di preparazione:** 10 minuti
**Tempo di cottura:** 20 minuti
**Porzioni:** 4

**Ingredienti:**
- ½ libbra di prugne, snocciolate e tagliate a metà
- 2 cucchiai di zucchero di cocco
- 4 cucchiai di uvetta
- 1 cucchiaino di estratto di vaniglia
- 1 tazza di crema al cocco

**Istruzioni:**
1. In un pentolino mescolare le prugne con lo zucchero e il resto degli ingredienti, mettere sul fuoco basso e lasciar cuocere a fuoco medio per 20 minuti.
2. Dividere nelle ciotole e servire.

**Nutrizione:** Calorie 219, Grassi 14,4, Fibre 1,8, Carboidrati 21,1, Proteine 2,2

# Barrette di semi di girasole

**Tempo di preparazione:** 10 minuti
**Tempo di cottura:** 20 minuti
**Porzioni:** 6

**Ingredienti:**
- 1 tazza di farina di cocco
- ½ cucchiaino di bicarbonato di sodio
- 1 cucchiaio di semi di lino
- 3 cucchiai di latte di mandorla
- 1 tazza di semi di girasole
- 2 cucchiai di olio di cocco, sciolto
- 1 cucchiaino di estratto di vaniglia

**Istruzioni:**
1. In una ciotola mescolare la farina con il bicarbonato e il resto degli ingredienti, amalgamare bene, stendere su una teglia, premere bene, infornare a 180° per 20 minuti, lasciare raffreddare, tagliare a barrette e servire .

**Nutrizione:** calorie 189, grassi 12,6, fibre 9,2, carboidrati 15,7, proteine 4,7

# Ciotole di more e anacardi

**Tempo di preparazione:** 10 minuti
**Tempo di cottura:** 0 minuti
**Porzioni:** 4
**Ingredienti:**

- 1 tazza di anacardi
- 2 tazze di more
- ¾ tazza di crema di cocco
- 1 cucchiaino di estratto di vaniglia
- 1 cucchiaio di zucchero di cocco

**Istruzioni:**

1. In una ciotola mescolare gli anacardi con la frutta e gli altri ingredienti, mescolare, dividere in piccole ciotoline e servire.

**Nutrizione:** Calorie 230, grassi 4, fibre 3,4, carboidrati 12,3, proteine 8

# Ciotole di arancia e mandarino

**Tempo di preparazione: 4 minuti**
**Tempo di cottura: 8 minuti**
**Porzioni: 4**

**Ingredienti:**
- 4 arance, sbucciate e tagliate a pezzi
- 2 mandarini, sbucciati e tagliati a pezzi
- 1 succo di lime
- 2 cucchiai di zucchero di cocco
- 1 tazza d'acqua

**Istruzioni:**
1. In un pentolino unire le arance con i mandarini e il resto degli ingredienti, mettere sul fuoco basso e lasciar cuocere a fuoco medio per 8 minuti.
2. Dividere in ciotole e servire freddo.

**Nutrizione:** Calorie 170, Grassi 2,3, Fibre 2,3, Carboidrati 11, Proteine 3,4

# Crema di zucca

**Tempo di preparazione: 2 ore**
**Tempo di cottura: 0 minuti**
**Porzioni: 4**

**Ingredienti:**
- 2 tazze di crema di cocco
- 1 tazza di purea di zucca
- 14 once di crema di cocco
- 3 cucchiai di zucchero di cocco

**Istruzioni:**
1. In una ciotola unire la panna con la purea di zucca e il resto degli ingredienti, amalgamare bene, dividere in piccole ciotoline e riporre in frigorifero per 2 ore prima di servire.

**Nutrizione:** Calorie 350, grassi 12,3, fibre 3, carboidrati 11,7, proteine 6

# Miscela di fichi e rabarbaro

**Tempo di preparazione: 6 minuti**
**Tempo di cottura: 14 minuti**
**Porzioni: 4**

**Ingredienti:**
- 2 cucchiai di olio di cocco, sciolto
- 1 tazza di rabarbaro, tritato grossolanamente
- 12 fichi tagliati a metà
- ¼ tazza di zucchero di cocco
- 1 tazza d'acqua

**Istruzioni:**
1. Scaldare una padella con l'olio a fuoco medio, aggiungere i fichi e il resto degli ingredienti, mescolare, cuocere per 14 minuti, dividere in coppette e servire freddo.

**Nutrizione:** calorie 213, grassi 7,4, fibre 6,1, carboidrati 39, proteine 2,2

# banana speziata

**Tempo di preparazione: 4 minuti**
**Tempo di cottura: 15 minuti**
**Porzioni: 4**

**Ingredienti:**
- 4 banane, sbucciate e tagliate a metà
- 1 cucchiaino di noce moscata, macinata
- 1 cucchiaino di cannella in polvere
- 1 succo di lime
- 4 cucchiai di zucchero di cocco

**Istruzioni:**
1. Metti le banane su una teglia, aggiungi la noce moscata e gli altri ingredienti, inforna a 180°C per 15 minuti.
2. Dividete i platani arrostiti tra i piatti e servite.

**Nutrizione:** Calorie 206, grassi 0,6, fibre 3,2, carboidrati 47,1, proteine 2,4

# succo di cacao

**Tempo di preparazione:** 5 minuti
**Tempo di cottura:** 0 minuti
**Porzioni:** 2

**Ingredienti:**

- 2 cucchiaini di cacao in polvere
- 1 avocado, snocciolato, sbucciato e ridotto a purea
- 1 tazza di latte di mandorle
- 1 tazza di crema al cocco

**Istruzioni:**

1. In un frullatore unire il latte di mandorla con la panna e il resto degli ingredienti, tritare bene, dividere in coppette e servire freddo.

**Nutrizione:** Calorie 155, grassi 12,3, fibre 4, carboidrati 8,6, proteine 5

# barrette di banane

**Tempo di preparazione:** 30 minuti

**Tempo di cottura:** 0 minuti

**Porzioni:** 4

**Ingredienti:**

- 1 tazza di olio di cocco, sciolto
- 2 banane, sbucciate e tritate
- 1 avocado sbucciato, snocciolato e ridotto a purea
- ½ tazza di zucchero di cocco
- ¼ tazza di succo di limone
- 1 cucchiaino di scorza di limone, grattugiata
- Spray da cucina

**Istruzioni:**

1. Nel robot da cucina, unisci le banane con l'olio e gli altri ingredienti tranne lo spray da cucina e frulla bene.
2. Rivestire uno stampo con spray da cucina, versare e stendere il composto di banane, stenderlo, riporre in frigorifero per 30 minuti, tagliare a barrette e servire.

**Nutrizione:** Calorie 639, Grassi 64,6, Fibre 4,9, Carboidrati 20,5, Proteine 1,7

# Barrette di tè verde e datteri

**Tempo di preparazione:** 10 minuti
**Tempo di cottura:** 30 minuti
**Porzioni:** 8

**Ingredienti:**
- 2 cucchiaini di tè verde in polvere
- 2 tazze di latte di cocco, riscaldato
- ½ tazza di olio di cocco, sciolto
- 2 tazze di zucchero di cocco
- 4 uova sbattute
- 2 cucchiaini di estratto di vaniglia
- 3 tazze di farina di mandorle
- 1 cucchiaino di bicarbonato di sodio
- 2 cucchiaini di lievito

**Istruzioni:**
1. In una ciotola mescolare il latte di cocco con la polvere di tè verde e il resto degli ingredienti, mescolare bene, versare in un quadrato, stendere, infornare, cuocere a 180° per 30 minuti, fare raffreddare, tagliare a barrette e servire.

**Nutrizione:** Calorie 560, Grassi 22,3, Fibre 4, Carboidrati 12,8, Proteine 22,1

# crema di noci

**Tempo di preparazione:** 2 ore
**Tempo di cottura:** 0 minuti
**Porzioni:** 4

**Ingredienti:**
- 2 tazze di latte di mandorle
- ½ tazza di crema di cocco
- ½ tazza di noci, tritate
- 3 cucchiai di zucchero di cocco
- 1 cucchiaino di estratto di vaniglia

**Istruzioni:**
1. In una ciotola mescolate il latte di mandorla con la panna e il resto degli ingredienti, sbattetelo bene, dividetelo in coppette e lasciatelo in frigo per 2 ore prima di servire.

**Nutrizione:** Calorie 170, grassi 12,4, fibre 3, carboidrati 12,8, proteine 4

# Torta al limone

**Tempo di preparazione:** 10 minuti
**Tempo di cottura:** 35 minuti
**Porzioni:** 6

**Ingredienti:**
- 2 tazze di farina integrale
- 1 cucchiaino di lievito
- 2 cucchiai di olio di cocco, sciolto
- 1 uovo sbattuto
- 3 cucchiai di zucchero di cocco
- 1 tazza di latte di mandorle
- Scorza di 1 limone, grattugiata
- 1 succo di limone

**Istruzioni:**
1. In una ciotola unire la farina con l'olio e gli altri ingredienti, sbattere bene, trasferire su una teglia e infornare a 180°C per 35 minuti.
2. Tagliare e servire freddo.

**Nutrizione:** calorie 222, grassi 12,5, fibre 6,2, carboidrati 7, proteine 17,4

# barrette all'uvetta

**Tempo di preparazione:** 10 minuti
**Tempo di cottura:** 25 minuti
**Porzioni:** 6

**Ingredienti:**
- 1 cucchiaino di cannella in polvere
- 2 tazze di farina di mandorle
- 1 cucchiaino di lievito
- ½ cucchiaino di noce moscata, macinata
- 1 tazza di olio di cocco, sciolto
- 1 tazza di zucchero di cocco
- 1 uovo sbattuto
- 1 tazza di uvetta

**Istruzioni:**
1. In una ciotola unire la farina con la cannella e il resto degli ingredienti, mescolare bene, stendere su una teglia foderata, infornare, cuocere a 180° per 25 minuti, tagliare a barrette e servire freddo.

**Nutrizione:** Calorie 274, grassi 12, fibre 5,2, carboidrati 14,5, proteine 7

# Quadrati di nettarine

**Tempo di preparazione:** 10 minuti
**Tempo di cottura:** 20 minuti
**Porzioni:** 4

**Ingredienti:**
- 3 nettarine, snocciolate e tritate
- 1 cucchiaio di zucchero di cocco
- ½ cucchiaino di bicarbonato di sodio
- 1 tazza di farina di mandorle
- 4 cucchiai di olio di cocco, sciolto
- 2 cucchiai di cacao in polvere

**Istruzioni:**
1. In un mixer unire le nettarine con lo zucchero e il resto degli ingredienti, sbattere bene, versare in una teglia quadrata foderata, stendere, infornare a 180° per 20 minuti, lasciare raffreddare un po' il composto, tagliare a quadretti. e servire

**Nutrizione:** Calorie 342, grassi 14,4, fibre 7,6, carboidrati 12, proteine 7,7

# spezzatino d'uva

**Tempo di preparazione:** 10 minuti
**Tempo di cottura:** 20 minuti
**Porzioni:** 4

**Ingredienti:**
- 1 tazza di uva verde
- Succo di ½ limone
- 2 cucchiai di zucchero di cocco
- 1 tazza e mezza di acqua
- 2 cucchiaini di cardamomo in polvere

**Istruzioni:**
1. Scaldare una pentola d'acqua a fuoco medio, aggiungere l'uva e gli altri ingredienti, portare ad ebollizione, cuocere per 20 minuti, dividere nelle ciotole e servire.

**Nutrizione:** Calorie 384, grassi 12,5, fibre 6,3, carboidrati 13,8, proteine 5,6

# Crema di mandarino e prugna

**Tempo di preparazione: 10 minuti**
**Tempo di cottura: 20 minuti**
**Porzioni: 4**

**Ingredienti:**
- 1 mandarino, sbucciato e tritato
- ½ chilo di prugne snocciolate e tritate
- 1 tazza di crema al cocco
- Succo di 2 mandarini
- 2 cucchiai di zucchero di cocco

**Istruzioni:**
1. Nel mixer unire i mandarini con le prugne e gli altri ingredienti, pressare bene, dividere in piccole pirofile, infornare, cuocere a 180 gradi per 20 minuti e servire freddo.

**Nutrizione:** Calorie 402, Grassi 18,2, Fibre 2, Carboidrati 22,2, Proteine 4,5

# Crema di ciliegie e fragole

**Tempo di preparazione:** 10 minuti
**Tempo di cottura:** 0 minuti
**Porzioni:** 6

**Ingredienti:**
- 1 libbra di ciliegie, snocciolate
- 1 tazza di fragole, tritate
- ¼ tazza di zucchero di cocco
- 2 tazze di crema di cocco

**Istruzioni:**
1. Nel frullatore unire le ciliegie al resto degli ingredienti, tritare bene, dividere in ciotole e servire freddo.

**Nutrizione:** Calorie 342, grassi 22,1, fibre 5,6, carboidrati 8,4, proteine 6,5

# Budino di riso e cardamomo

**Tempo di preparazione:** 5 minuti
**Tempo di cottura:** 40 minuti
**Porzioni:** 4

**Ingredienti:**
- 1 tazza di riso basmati
- 3 tazze di latte di mandorle
- 3 cucchiai di zucchero di cocco
- ½ cucchiaino di cardamomo in polvere
- ¼ tazza di noci, tritate

**Istruzioni:**
1. In una pentola unire il riso con il latte e il resto degli ingredienti, mescolare, cuocere per 40 minuti a fuoco medio, dividere nelle ciotole e servire freddo.

**Nutrizione:** Calorie 703, grassi 47,9, fibre 5,2, carboidrati 62,1, proteine 10,1

# pane alle pere

**Tempo di preparazione: 10 minuti**
**Tempo di cottura: 30 minuti**
**Porzioni: 4**

**Ingredienti:**
- 2 tazze di pere, snocciolate e tagliate a dadini
- 1 tazza di zucchero di cocco
- 2 uova, sbattute
- 2 tazze di farina di mandorle
- 1 cucchiaio di lievito
- 1 cucchiaio di olio di cocco, sciolto

**Istruzioni:**
1. In una ciotola mescolare le pere con lo zucchero e gli altri ingredienti, sbatterle, versarle in uno stampo, infornare e cuocere a 180 gradi per 30 minuti.
2. Tagliare e servire freddo.

**Nutrizione:** Calorie 380, Grassi 16,7, Fibre 5, Carboidrati 17,5, Proteine 5,6

# Riso al latte e ciliegie

**Tempo di preparazione: 10 minuti**
**Tempo di cottura: 25 minuti**
**Porzioni: 4**

**Ingredienti:**
- 1 cucchiaio di olio di cocco, sciolto
- 1 tazza di riso bianco
- 3 tazze di latte di mandorle
- ½ tazza di ciliegie, snocciolate e tagliate a metà
- 3 cucchiai di zucchero di cocco
- 1 cucchiaino di cannella in polvere
- 1 cucchiaino di estratto di vaniglia

**Istruzioni:**
1. In un pentolino unire l'olio con il riso e il resto degli ingredienti, mescolare, portare ad ebollizione, lasciarlo cuocere per 25 minuti a fuoco medio, dividerlo in ciotole e servirlo freddo.

**Nutrizione:** calorie 292, grassi 12,4, fibre 5,6, carboidrati 8, proteine 7

# stufato di anguria

**Tempo di preparazione: 5 minuti**
**Tempo di cottura: 8 minuti**
**Porzioni: 4**

**Ingredienti:**
- 1 succo di lime
- 1 cucchiaino di scorza di lime, grattugiata
- 1 tazza e ½ di zucchero di cocco
- 4 tazze di anguria, sbucciata e tagliata a pezzi grandi
- 1 tazza e mezza di acqua

**Istruzioni:**
1. In un pentolino unire l'anguria con la scorza di limone e il resto degli ingredienti, mescolare, portare ad ebollizione a fuoco medio, cuocere per 8 minuti, dividere in ciotole e servire freddo.

**Nutrizione::** calorie 233, grassi 0,2, fibre 0,7, carboidrati 61,5, proteine 0,9

# budino allo zenzero

**Tempo di preparazione:** 1 ora
**Tempo di cottura:** 0 minuti
**Porzioni:** 4

**Ingredienti:**
- 2 tazze di latte di mandorle
- ½ tazza di crema di cocco
- 2 cucchiai di zucchero di cocco
- 1 cucchiaio di zenzero, grattugiato
- ¼ di tazza di semi di chia

**Istruzioni:**
1. In una ciotola mescolate il latte con la panna e il resto degli ingredienti, sbattetelo bene, dividetelo in bicchierini e lasciatelo in frigo 1 ora prima di servire.

**Nutrizione:** Calorie 345, grassi 17, fibre 4,7, carboidrati 11,5, proteine 6,9

# crema di anacardi

**Tempo di preparazione:** 2 ore
**Tempo di cottura:** 0 minuti
**Porzioni:** 4

**Ingredienti:**
- 1 tazza di anacardi, tritati
- 2 cucchiai di olio di cocco, sciolto
- 2 cucchiai di olio di cocco, sciolto
- 1 tazza di crema al cocco
- cucchiai di succo di limone
- 1 cucchiaio di zucchero di cocco

**Istruzioni:**
1. In un frullatore unire gli anacardi con l'olio di cocco e gli altri ingredienti, frullare bene, dividere in coppette e riporre in frigorifero per 2 ore prima di servire.

**Nutrizione:** Calorie 480, grassi 43,9, fibre 2,4, carboidrati 19,7, proteine 7

# biscotti alla canapa

**Tempo di preparazione: 30 minuti**
**Tempo di cottura: 0 minuti**
**Porzioni: 6**

**Ingredienti:**
- 1 tazza di mandorle, ammollate per una notte e scolate
- 2 cucchiai di cacao in polvere
- 1 cucchiaio di zucchero di cocco
- ½ tazza di semi di canapa
- ¼ tazza di cocco grattugiato
- ½ tazza d'acqua

**Istruzioni:**
1. Nel robot da cucina, unire le mandorle con il cacao in polvere e gli altri ingredienti, frullare bene, premere su una teglia foderata, conservare in frigorifero per 30 minuti, tagliare e servire.

**Nutrizione:** Calorie 270, grassi 12,6, fibre 3, carboidrati 7,7, proteine 7

# Ciotole di mandorle e melograno

**Tempo di preparazione: 2 ore**
**Tempo di cottura: 0 minuti**
**Porzioni: 4**

**Ingredienti:**
- ½ tazza di crema di cocco
- 1 cucchiaino di estratto di vaniglia
- 1 tazza di mandorle, tritate
- 1 tazza di semi di melograno
- 1 cucchiaio di zucchero di cocco

**Istruzioni:**
1. In una ciotola unire le mandorle con la panna e il resto degli ingredienti, mescolare, dividere in piccole ciotoline e servire.

**Nutrizione:** Calorie 258, grassi 19, fibre 3,9, carboidrati 17,6, proteine 6,2

# Cosce di pollo e verdure al rosmarino

**Tempo di preparazione:** 10 minuti
**Tempo di cottura:** 40 minuti
**Porzioni:** 4

**Ingredienti:**
- 2 chili di petto di pollo, senza pelle, disossato e tagliato a dadini
- 1 carota, a dadini
- 1 gambo di sedano, tritato
- 1 pomodoro, tagliato a dadini
- 2 piccole cipolle rosse, affettate
- 1 zucchina, tagliata a cubetti
- 2 spicchi d'aglio, tritati
- 1 cucchiaio di rosmarino, tritato
- 2 cucchiai di olio d'oliva
- pepe nero a piacere
- ½ tazza di brodo vegetale a basso contenuto di sodio

**Istruzioni:**
1. Scaldare una padella con olio d'oliva a fuoco medio, aggiungere la cipolla e l'aglio, mescolare e soffriggere per 5 minuti.
2. Aggiungete il pollo, mescolate e fate rosolare per altri 5 minuti.
3. Aggiungere la carota e il resto degli ingredienti, mescolare, portare a ebollizione e cuocere a fuoco medio per 30 minuti.
4. Dividere il composto nei piatti e servire.

**Nutrizione:** calorie 325, grassi 22,5, fibre 6,1, carboidrati 15,5, proteine 33,2

# Pollo con carote e cavoli

**Tempo di preparazione: 10 minuti**
**Tempo di cottura: 25 minuti**
**Porzioni: 4**

## Ingredienti:
- Petto di pollo da 1 libbra, senza pelle, disossato e tagliato a dadini
- 2 cucchiai di olio d'oliva
- 2 carote, sbucciate e grattugiate
- 1 cucchiaino di peperone rosso dolce
- ½ tazza di brodo vegetale a basso contenuto di sodio
- 1 testa di cavolo rosso, tritato
- 1 cipolla gialla, tritata
- pepe nero a piacere

## Istruzioni:
1. Scaldare una padella con olio d'oliva a fuoco medio, aggiungere la cipolla, mescolare e soffriggere per 5 minuti.
2. Aggiungete la carne e fatela rosolare per altri 5 minuti.
3. Aggiungere le carote e gli altri ingredienti, mescolare, portare a ebollizione e cuocere a fuoco medio per 15 minuti.
4. Dividete il tutto nei piatti e servite.

**Nutrizione:** Calorie 370, grassi 22,2, fibre 5,2, carboidrati 44,2, proteine 24,2

# Panino con melanzane e tacchino

**Tempo di preparazione: 10 minuti**
**Tempo di cottura: 25 minuti**
**Porzioni: 4**

**Ingredienti:**
- 1 petto di tacchino, senza pelle, disossato e tagliato in 4 pezzi
- 1 melanzana tagliata in 4 fette
- pepe nero a piacere
- 1 cucchiaio di olio d'oliva
- 1 cucchiaio di origano tritato
- ½ tazza di ketchup a basso contenuto di sodio
- ½ tazza di formaggio cheddar magro, grattugiato
- 4 fette di pane integrale

**Istruzioni:**
1. Scaldare una griglia a fuoco medio-alto, aggiungere le fette di tacchino, versare metà dell'olio, spolverare con pepe nero, cuocere per 8 minuti per lato e girare un piatto
2. Disporre le fette di melanzana sulla griglia riscaldata, irrorare con il restante olio, insaporire anche con pepe nero, cuocere per 4 minuti per lato e trasferire nel piatto anche con le fette di tacchino
3. Disporre 2 fette di pane su un piano di lavoro, dividere su ciascuna il formaggio, dividere su ciascuna le fette di melanzane e quelle di tacchino, spolverare con l'origano, irrorare il tutto con la salsa e coprire con le altre 2 fette di pane.
4. Dividete i panini nei piatti e servite.

**Nutrizione:** Calorie 280, grassi 12,2, fibre 6, carboidrati 14, proteine 12

www.ingramcontent.com/pod-product-compliance
Lightning Source LLC
Chambersburg PA
CBHW071828110526
44591CB00011B/1265